CONTENTS

DAY 01 時制 1

次の各文の　　　　に入れるのに最も適当な語（句）を選びなさい。

(1) We will begin the game again as soon as it 　　　　 raining.

① stops 　　　　　　　　② is stopping

③ will stop 　　　　　　④ will have stopped

(2) I don't know if it 　　　　 fine tomorrow.

① is 　② will be 　③ will have been 　④ would be

(3) If I read the book once more, I 　　　　 it three times.

① read 　　　　　　　　② will read

③ will be reading 　　　④ will have read

(4) 　　　　 you ever 　　　　 sushi before?

① Do, try 　② Have, tried 　③ Had, tried 　④ Will, try

(5) We 　　　　 our meeting by the time you arrive.

① finish 　　　　　　　② finished

③ had finished 　　　　④ will have finished

(6) People in the Middle Ages 　　　　 the earth was flat.

① believes 　　　　　　② believed

③ have believed 　　　④ had believed

(7) I believe the day will come when we humankind 　　　　 together peacefully.

① live 　② is living 　③ lived 　④ will live

語(句)を並べかえて日本文に合う英文にしなさい。文頭の文字も小文字で示してあります。また,同じ語を 2 度使うこともあります。

(1) 先生が第二次世界大戦は 1945 年に終わったと言った。

ア　us　　イ　told　　ウ　our　　エ　World War II
オ　teacher　カ　in　　キ　ended　　ク　1945

(2) 彼はロンドンに 6 年住んでいたので英語を流ちょうに話した。

ア　London　　イ　he　　ウ　spoke　　エ　for
オ　had　　カ　in　　キ　six years　　ク　lived
ケ　fluently　　コ　English

(3) 父はよく時は金なりと言っていた。

ア　say　　イ　to　　ウ　my　　エ　is　　オ　time
カ　used　　キ　father　　ク　money　　ケ　that

(4) 昔はその湖の水は今よりきれいだった。

ア　the lake　　イ　water　　ウ　than　　エ　the
オ　is　　カ　of　　キ　now　　ク　cleaner
ケ　it　　コ　was

ここで折り返して答え合わせ

(1) as soon as 「~するとすぐに」,「~するやいなや」という意味。
(1) ④　(2) ②　(3) ④　(4) ②　(5) ④　(6) ②　(7) ④

時制 2

次の各文の　　　に入れるのに最も適当な語（句）を選びなさい。

(1) When I visited his house, he 　　　 English.
　① study
　② studied
　③ was studying
　④ have been studying

(2) I 　　　 to a tennis club in Urawa.
　① belong
　② am belonging
　③ have been belonging
　④ will be belonging

(3) All the food 　　　 before most of the guests arrived.
　① will be eaten
　② had been eaten
　③ have been eaten
　④ will have been eaten

(4) My father has 　　　 for ten years.
　① been dead
　② been death
　③ died
　④ passed away

(5) Please lend me the book if you 　　　 reading it.
　① finished
　② have finished
　③ will finish
　④ will have finished

(6) If you come home at eight o'clock tomorrow, we 　　　 the house.
　① will already leave
　② will already have left
　③ have already left
　④ had left

ここで折り返して答え合わせ

語を並べかえて日本文に合う英文にしなさい。文頭の文字も小文字で示してあります。

(1) 私はきっと彼女が成功するだろうと思っていた。

　　　　　　　　　　　　　　　　　　　　　　　　　　．

　　　ア was　　イ that　　ウ sure　　エ succeed
　　　オ would　　カ I　　キ she

(2) 彼を待ち続けてどれくらいですか。

　　　　　　　　　　　　　　　　　　　　　　　　　　？

　　　ア him　　イ been　　ウ how　　エ for
　　　オ long　　カ you　　キ waiting　　ク have

次の各組の2文が同じ意味になるように，　　　に適する語を入れなさい。

(1) They have been married for three years.

　　It has

　　they got married.

(2) My father went to Paris and he isn't here now.

　　My father　　　　　　　　　　　　　　to Paris.

(3) The last time I visited my cousin's house was when I was little.

　　I　　　　　　　　　　my cousin's house　　　　　　　　I
　　was little.

(2) belong (to 〜)で「(〜に)所属している」という意味。

(1)③ (2)① (3)② (4)① (5)② (6)②

英語

DAY 03 代名詞 1

日本文に合うように，　　　　に入れるのに最も適当な語（句）を選びなさい。

(1) 日本の気候はイギリスより温暖である。

The climate of Japan is milder than ____ of the U.K.

① one ② it ③ that ④ those

(2) 私には3人の兄弟がいる。1人は大阪に，あとは東京に住んでいる。

I have three brothers; one lives in Osaka and ____ live in Tokyo.

① another ② other ③ others ④ the others

(3) 言うことと実行することは全く別のことである。

To say is one thing and to do is quite ____.

① one ② another ③ that ④ none

(4) あなたの観点は私のとは少し違う。

Your point of view is a little bit different from ____.

① me ② mine ③ I ④ my

(5) この町に住んでいる人はそれに参加することができる。

____ who live in this town can participate in it.

① Those ② These ③ They ④ One

(6) すみませんが，私はどちらもほしくありません。

I'm sorry, but I don't want ____.

① none ② both ③ neither ④ either

次の各文を [　　　] 内の指示に従って書きかえるとき，
　　に適する語を入れなさい。

(1) He happened to be there when the earthquake occurred.

[Itで始まる文に]

It _____ there

when the earthquake took place.

(2) There aren't many people in the campus today.

[seem to ～を用いて]

There _____ be many people

on campus today.

(3) You have to do your duty.

[It isで始まる文に]

It is _____ you should do your duty.

(4) I'm worried about <u>my mother</u>.

[下線部を強調するIt is ～ that ... の構文に]

It is

_____.

(5) Almost all of the students are present today.

[代名詞mostを用いて同じ意味に]

_____ are

present today.

ここで折り返して答え合わせ

DAY 04 代名詞 2

日本文に合うように，　　　に適する語を下から選び，入れなさい。文頭に来る語は大文字に直すこと。

(1) 「外国にだれか友達はいますか。」「はい，香港に 1 人います。」

"Do you have any friends abroad?"

"Yes, I have ＿＿＿＿＿＿＿ in Hong Kong."

(2) 彼の言うこと全部に賛成するわけではない。

I don't agree with ＿＿＿＿＿＿＿ he says.

(3) その科学者は私が今まで会っただれよりも知的だ。

The scientist has more intelligence than ＿＿＿＿＿＿＿ I've ever met.

(4) 2 人とも成功しそうにない。

＿＿＿＿＿＿＿ of them is likely to succeed.

(5) もしあなたがそのお金を必要としているのなら，それを貸します。

I will lend you the money if you need ＿＿＿＿＿＿＿.

(6) これらの 4 人の生徒はそれぞれ課題を提出した。

＿＿＿＿＿＿＿ of these four students has submitted an assignment.

(7) だれも他人の苦労の重さはわからないものだ。〈ことわざ〉

＿＿＿＿＿＿＿ knows the weight of another's burden.

everything　neither　it　one　each　anybody　none

ここで折り返して答え合わせ

語を並べかえて日本文に合う英文にしなさい。文頭の文字も小文字で示してあります。

(1) ジャズが好きな人もいればそうでない人もいる。

                                 .

    ア don't   イ others   ウ some   エ and

    オ like   カ jazz

(2) この薬を 12 時間ごとに 1 つ飲みなさい。

                                 .

    ア pills   イ these   ウ twelve   エ one

    オ every   カ of   キ hours   ク take

日本文に合うように，   **に適する語を入れなさい。**

(1) 人は 1 人ではかくれんぼはできない。

One can't play hide-and-seek by   .

(2) 同じことが日本についても言える。

The   is true of Japan.

(3) 彼らの大部分はドイツ語かフランス語, あるいはその両方を話すことができる。

Most of them can speak either German or French or   .

DAY 05　接続詞　1

日本文に合うように，　　　　に適する語を入れなさい。

(1) 彼は小説家ではなく政治家だ。

He is not a writer 　　　　　　 a politician.

(2) 彼は行きたくなかった。ぼくもそうだった。

He didn't want to go, and 　　　　　 did I.

(3) 彼女が生きている可能性はない。

There is no possibility 　　　　　 she may be alive.

(4) 川を渡ってしまえば安心だ。

You will be safe 　　　　 you have crossed the river.

(5) 何も相談することがない場合を除いて，毎週土曜日に会おう。

Let's meet every Saturday 　　　　　 there is nothing to talk about.

(6) 賛成かどうか言ってください。

Please tell me 　　　　　　　　 you agree.

(7) 人類が月に旅する日も遠くはない。

It will

humankind take a trip to the moon.

(8) 山全体が雪におおわれていたので，登るのに思っていた以上の
時間がかかった。

The mountain was covered with snow all over,

　　　　　 it took much more time to climb than we had expected.

語を並べかえて日本文に合う英文にしなさい。文頭の文字も小文字で示してあります。

(1) 彼だけではなくぼくも悪かった。

                                 was to blame.

    ア also   イ but   ウ I   エ only

    オ he   カ not

(2) 健康を失って初めてその価値がわかる。

                                        you

realize its value.

    ア that   イ lose   ウ it   エ your   オ until

    カ is   キ you   ク not   ケ health

(3) 彼は言ったとたんに後悔した。

                               he regretted it.

    ア he   イ than   ウ spoken   エ no

    オ sooner   カ had

(4) 忘れないようにそれを書き留めておきなさい。

Write it   .

    ア don't   イ you   ウ so   エ down

    オ that   カ forget

DAY 06 接続詞 2

日本文に合うように，与えられた文字から始まる語を　　　　に入れなさい。

(1) たとえきみが一生懸命努力しても，それを成し遂げることはできまい。

E　　　　　i　　　　　　 you make a great effort, you won't accomplish it.

(2) 雨が降る場合に備えて，かさを持って行こう。

I'll bring an umbrella i　　　　 c　　　　　　 it rains.

(3) 興味があろうとなかろうと，その本を読まなければいけない。

You must read the book w　　　　 you are interested in it

o　　　　 not.

(4) 見渡す限り木は1本もない。

There are no trees a　　　　 f　　　　 a　　　　 I can see.

(5) 熱があるので，今日は早く帰った方がよい。

S　　　　　 you have a fever, it's better to go home early today.

(6) 教わったとおりに踊りなさい。

Dance a　　　　　 you were taught.

(7) お行儀よくしていたら，今度海辺へ連れて行ってあげよう。

I will take you to the beach next time, p　　　　　 that you behave well.

ここで折り返して答え合わせ

次の各文の ＿＿＿＿ に入れるのに最も適当な語（句）を選びなさい。

(1) My mother sold her new watch ＿＿＿＿ it was not as good as she had expected.

① but ② because ③ although ④ therefore

(2) You can use this room ＿＿＿＿ you keep it clean.

① so that ② unless ③ even if ④ as long as

(3) It is unknown ＿＿＿＿ there are animals in this area.

① whether ② if ③ until ④ nor

次の各組の2文が同じ意味になるように，＿＿＿＿ に適する語を入れなさい。

(1) She is not only good at singing, but is also good at dancing.

She can ＿＿＿＿ sing ＿＿＿＿ dance well.

(2) I usually practice the guitar before having dinner.

I usually have dinner ＿＿＿＿ practicing the guitar.

(3) Get up early, or you will miss the bus.

Get up early, ＿＿＿＿ you will miss the bus.

(4) I saw a beautiful lake during my stay in Canada.

I saw a beautiful lake ＿＿＿＿ I was staying in Canada.

ここで折り返して答え合わせ

日本文に合うように，　　　　**に入れるのに最も適当な語を選びなさい。**

(1) 荷物を持ってあげましょう。

Let me help you　　　　 your baggage.

① on　　　② with　　　③ by　　　④ beyond

(2) がっかりしたことには, 彼女は試験に落ちた。

　　　　　 my disappointment, she failed the examination.

① Above　　　② With　　　③ For　　　④ To

(3) 私はたいてい 5 時までに仕事を終える。

I usually finish work　　　　 five o'clock.

① after　　　② until　　　③ on　　　④ by

(4) ここだけの話だが, 彼はまもなくクビになる。

　　　　　 you and me, he'll soon be fired.

① Without　　　② Between　　　③ Beyond　　　④ Around

(5) あなたは私の意見に賛成ですか, 反対ですか。

Are you for or　　　　 my opinion?

① against　　　② except　　　③ despite　　　④ beside

(6) それについてはコーヒーを飲みながら話しましょう。

Let's talk about it　　　　 a cup of coffee.

① under　　　② through　　　③ over　　　④ among

ここで折り返して答え合わせ

次の各文の誤りを正しなさい。

(1) Computers are superior than dictionaries.

誤 :　　　　　　　　　　→ 正 :

(2) They robbed the traveler from his money.

誤 :　　　　　　　　　　→ 正 :

(3) I know him in face.

誤 :　　　　　　　　　　→ 正 :

(4) At that time I had no house to live.

誤 :　　　　　　　　　　→ 正 :

(5) The picture reminds me for my dead mother.

誤 :　　　　　　　　　　→ 正 :

(6) Our school begins from 8:30.

誤 :　　　　　　　　　　→ 正 :

日本文に合うように，　　　　　に適する語を入れなさい。

(1) この歌は世界中の人々の間で人気がある。

This song is popular　　　　　　　people around the world.

(2) 私は母にちなんで名づけられた。

I was named　　　　　　　my mother.

日本文に合うように，　　　に入れるのに最も適当な語を選びなさい。

(1) その盗まれた宝石はなんとしてでも取り戻さねばならない。

The stolen jewels must be recovered ＿＿＿ any cost.

① at ② to ③ with ④ by

(2) きみが取り扱っている問題はむずかしいですよね。

The problem you are dealing ＿＿＿ is difficult, isn't it?

① in ② of ③ with ④ to

(3) 彼女以外はみんななにかしらの部活に所属している。

Everyone ＿＿＿ her belongs to some kind of club.

① despite ② except ③ beyond ④ below

(4) 彼女は自分の写真術を完成させることに精力を集中した。

She concentrated her energy ＿＿＿ perfecting her photography.

① to ② for ③ on ④ by

(5) 彼女は病気のためにパーティを欠席した。

＿＿＿ account of illness, she absented herself from the party.

① With ② On ③ Of ④ For

(6) チーズは牛乳から作られる。

Cheese is made ＿＿＿ milk.

① into ② from ③ of ④ by

ここで折り返して答え合わせ

語を並べかえて日本文に合う英文にしなさい。

(1) 吹雪にもかかわらず, 彼女は学校に間に合った。

She arrived at school　　　　　　　　　.

　　ア　time　　イ　in　　ウ　the　　エ　of

　　オ　on　　カ　spite　　キ　snowstorm

(2) 口に食べ物をいれたまましゃべってはいけません。

Don't　　　　　　　　　　　　.

　　ア　your　　イ　full　　ウ　with　　エ　speak

　　オ　mouth

次の各組の 2 文が同じ意味になるように,　　　　に適する語を入れなさい。

(1)　I can finish this assignment easily.

　　I can finish this assignment　　　　　　ease.

(2)　I could not attend the ceremony because I was ill.

　　Illness prevented me　　　　　attending the ceremony.

(3)　I insisted that the lady was innocent.

　　I insisted　　　　　the innocence of the lady.

(4)　He can speak English, and also can speak Chinese.

　　　　　　　English, he can speak Chinese.

次の各文の　　　　　に入れるのに最も適当な語(句)を選びなさい。(7), (8)は日本文に合う語を選ぶこと。

(1) "You　　　　　be hungry. You've just had dinner."

① can　　② cannot　　③ may　　④ may not

(2) She　　　　　often jog in the park early in the morning in those days.

① could　　② should　　③ would　　④ might

(3) It is natural that she　　　　　get angry.

① should　　② would　　③ could　　④ might

(4) The door　　　　　not open.

① can　　② do　　③ will　　④ should

(5) You　　　　　to do your best.

① would　　② should　　③ could　　④ ought

(6) At the meeting, it was proposed that a special committee

　　　　　be appointed.

① should　　② would　　③ could　　④ might

(7) 油は水に浮くものである。

Oil　　　　　float on water.

① can　　② may　　③ shall　　④ will

(8) 次の日曜日にコンサートに行きましょうか。

　　　　　we go to the concert next Sunday?

① Must　　② Will　　③ May　　④ Shall

ここで折り返して答え合わせ

日本文に合うように，　　　　に適する語を入れなさい。

(1) きみは以前よりずっと背が高くなった。

You are much taller than you   be.

(2) 彼もすぐに貧しい暮らしに慣れるだろう。

He will soon get   to living poorly.

(3) よく私にそんな口がきけるね。

             you speak to me like that?

(4) 道路を横断するときは，注意してもしすぎるということはない。

You   be   careful in crossing the street.

語を並べかえて日本文に合う英文にしなさい。文頭の文字も小文字で示してあります。

(1) この時期に旅行をするのは避けた方がよい。

               at this time.

   ア　travel　　イ　you　　ウ　not　　エ　had

   オ　better

(2) きみが息子を自慢するのももっともだ。

   ア　be　　イ　of　　ウ　may　　エ　son

   オ　well　　カ　proud　キ　you　　ク　your

(5) ought to ＝ should 「～すべきだ」という意味。

(1) ② (2) ③ (3) ① (4) ④ (5) ④ (6) ① (7) ④ (8) ④

助動詞 2

日本文に合うように，　　　　　　に入れるのに最も適当な語（句）を選びなさい。

(1) 地主は彼女が地代をすぐ払うよう要求した。

　　The landlord demanded that she　　　　　him the rent right away.

　　① pay　　② might pay　　③ would pay　　④ had paid

(2) きみはもっと注意すべきだったのに。

　　You　　　　　more careful.

　　① could have been　　　　② should have been

　　③ can't have been　　　　④ would have been

(3) 私はその光景に笑わずにはいられなかった。

　　I　　　　　help laughing at the sight.

　　① couldn't　　② mustn't　　③ might　　④ would

日本文に合うように，　　　　　　に適する語を入れなさい。

(1) 私にはそれを買う余裕はない。

　　I can't　　　　　　to buy it.

(2) 今日はむしろ外へ出たくありません。

　　I　　　　　　　　　not go out today.

ここで折り返して答え合わせ

(3) 長生きしてください！

         you live long!

語（句）を並べかえて日本文に合う英文にしなさい。

(1) この通りまで来たのだから，彼女の家に寄ってもいいね。

Since we have come as far as this street,

         .

    ア at her house   イ we   ウ drop

    エ might   オ as   カ in   キ well

(2) 彼女は髪をカットしてもらったにちがいない。

She   .

    ア had   イ cut   ウ hair   エ have

    オ must   カ her

次の各組の 2 文が同じ意味になるように，   に適する語を入れなさい。

(1) It is possible that she was ill.

    She   ill.

(2) You can't be too careful when you drive a car.

    You   be careful   when you drive a car.

(3) It wasn't necessary for you to go there.

    You   have gone there.

ここで折り返して答え合わせ

解答

(1) ① ② (2) (3) ① (1) afford (2) would rather
(3) couldn't(could not) help but do で「思わず〜してしまう」と考えることができる。

日本文に合うように，　　　　に入れるのに最も適当な語句を選びなさい。

(1) 私はそこで背の高い若いイギリス人の紳士2人に会った。

There I met　　　　　gentlemen.

① young tall English two　　　　② English two tall young

③ two tall young English　　　　④ tall young two English

(2) 居合わせた人たちは涙を流した。

　　　　　were moved to tears.

① Present persons　　　　② These present

③ Present those　　　　④ Those present

(3) この公園はもう一度訪れる価値がある。

This park is　　　　　again.

① worth to visit　　　　② worth to be visited

③ worth visiting　　　　④ worth of visiting

(4) きみはお金を使いすぎる。

You spend　　　　　money.

① too much　　② too many　　③ very much　　④ very many

(5) かなりの人がその祭りに出かけた。

　　　　　people went to the festival.

① Quite a few　　② Very a few　　③ Not a little　　④ Very few

ここで折り返して答え合わせ

次の各文の誤りを正しなさい。

(1) There is wrong something with my car.

　　誤：　　　　　　　　　　　　　→ 正：

(2) A half loaf is better than none.

　　誤：　　　　　　　　　　　　　→ 正：

(3) Don't disturb the asleep baby.

　　誤：　　　　　　　　　　　　　→ 正：

(4) I have few time for reading.

　　誤：　　　　　　　　　　　　　→ 正：

日本文に合うように，　　　　　内から最も適する語を選び，○で囲みなさい。

(1) 彼は国のために多くの立派なことをした。

　　He did many　respectful　respective　respectable　things for his country.

(2) 彼女は分別のある人間だ。

　　She is a　sensitive　sensible　impressive　person.

(3) それは文字通りの意味ではない。

　　It doesn't have a　literal　literate　literary　meaning.

日本文に合うように，_____に入れるのに最も適当な語（句）を選びなさい。

(1) あなたが会いに来てくれるなんて驚いた。

It was _____ that you came to see me.

① surprising　　② surprised　　③ surprise　　④ surprises

(2) 私は頭の中で架空の動物を考えた。

I thought of an _____ animal in my head.

① imagine　　② imaginative　　③ imaginary　　④ imaginable

(3) われわれの科学技術はだれにもひけをとらない。

Our technology is _____ .

① first to all　　　　　　② first for nothing

③ second to none　　　④ second to all

次の各組の 2 文が同じ意味になるように，_____に適する語を入れなさい。

(1) You are very kind to buy me a ticket for the concert.

It is very kind _____ you to buy me a ticket for the concert.

(2) The results were satisfying for me.

I was _____ the results.

ここで折り返して答え合わせ

次の各文の ___ に入れるのに最も適当な語(句)を選びなさい。

(1) He has ___ friends at school.

① each ② few ③ lot ④ much

(2) It is ___ for you to be able to go there right away.

① angry ② convenient ③ thankful ④ glad

(3) His salary was too ___ to buy the latest car.

① deep ② expensive ③ cheap ④ low

(4) "How many people do you want to invite?" " ___ ."

① As much as possible ② As many as possible

③ Such much as possible ④ So many for possible

次の各文の下線部が正しければ○を,誤っている場合は正しい表現に直して書きなさい。

(1) I saw many kinds of <u>alive</u> fish at the restaurant.

(2) He works very hard, so people around him say he is an <u>industrious</u> man.

(3) This is the only <u>available book</u>.

(4) I found this pearl to be an imitation. It is <u>invaluable</u>.

日本文に合うように，　　　　に適する語を入れなさい。

(1) 彼らの大半は以前よりもかなり稼ぎがよい。

Most of them earn much _____ before.

(2) 健康ほど大切なものはない。

_____ is _____ precious as good health.

(3) 風呂よりもシャワーの方が使う水の量が少ない。

A shower uses _____ water than a bath.

(4) 彼は2人のうちでは若い方だ。

He is _____ of the two.

(5) 彼はドイツ語が話せる。ましてや英語はなおさらだ。

He can speak German, _____ English.

(6) この部屋は私の部屋の3倍もの広さだ。

This room is three times _____ large _____ mine.

(7) 彼女はイヌよりネコの方が好きだ。

She _____ cats to dogs.

(8) 海へ行くよりも山へ行きたい。

I _____ go to the mountains than go to the sea.

(9) 彼はぼくより5つ年上だ。

He is _____ to me _____ five years.

ここで折り返して答え合わせ

次の各文の誤りを正しなさい。

(1) トムはこのクラスのどの男子よりも背が高い。

Tom is taller than any other boys in his class.

誤：　　　　　　　　　　→ 正：

(2) 横浜の人口は名古屋の人口よりも多い。

The population of Yokohama is larger than Nagoya.

誤：　　　　　　　　　　→ 正：

(3) この湖はこのあたりが最も深い。

The lake is the deepest around here.

誤：　　　　　　　　　　→ 正：

次の各組の 2 文が同じ意味になるように，　　　　に適する語を入れなさい。

(1) Mt. Everest is the highest mountain in the world.

No 　　　　　　 mountain in the world is higher than Mt. Everest.

(2) My sister is three years younger than me.

My sister is three years 　　　　　　 to me.

(3) I have only 1,000 yen in my wallet.

I have 　　　　　　　　　 than 1,000 yen in my wallet.

日本文に合うように，　　　に適する語を入れなさい。

(1) 彼はそんな言葉は使わない。

He is the _____ man to use such words.

(2) 彼はそんなことをするほどばかじゃない。

He knows _____ to do such a thing.

(3) 生活費は 3 年前よりぐんと高くなっている。

The cost of living is _____ higher than it was three years ago.

(4) 私は帰宅するとすぐに彼に電話をした。

I had _____ gone home than I called him.

(5) この寺は私たちの町で 2 番目に古い寺だ。

This temple is the _____ temple in our city.

次の各組の英文が同じ意味になるように，　　　に適する語を入れなさい。

(1) As he drank more, he sang more songs merrily.

_____ more he drank, _____ songs he sang merrily.

(2) This bridge is twice as long as that one.

This bridge is twice _____ of that one.

ここで折り返して答え合わせ

(3) There is nothing more precious than time.

Time is more precious   else.

語 (句) を並べかえて日本文に合う英文にしなさい。

(1) 彼は学者というより作家だ。

He   .

    ア not   イ a writer   ウ a scholar   エ so

    オ as   カ is   キ much

(2) 私は彼ほどよい選手を見たことがない。

I   as he.

    ア as   イ have   ウ good   エ seen

    オ player   カ never   キ a

(3) 琵琶湖は日本で最大の湖だ。

Lake Biwa is   in Japan.

    ア any   イ larger   ウ lake   エ than

    オ other

次の各文の下線部が正しければ○を、誤っている場合は正しい表現に直して書きなさい。

(1) I have <u>much</u> more books than he has.

(2) She is <u>by far</u> the most intelligent in our class.

ここで折り返して答え合わせ

次の各組の2文が同じ意味になるように，　　　　に適する語を入れなさい。

(1) I must do a lot of things this weekend.

I've got a lot of things　　　　　　　　　　this weekend.

(2) He had to resign because of public opinion.

Public opinion compelled　　　　　　　　　　.

(3) The baggage is so heavy that Tom can't carry it.

The baggage is　　　　heavy　　　　Tom

carry.

(4) If you heard him speak French, you would take him for a Frenchman.

　　　　　　　　　　him speak French, you would take him for a Frenchman.

(5) All you have to do is to do your best.

You　　　　　　　　　　do your best.

次の各文の　　　　に入れるのに最も適当な語(句)を選びなさい。

(1) I'm very glad　　　　you.

① seeing　　② to seeing　　③ to see　　④ of seeing

ここで折り返して答え合わせ

(2) Don't make me _____ the same thing more than twice.

    ① say   ② saying   ③ to say   ④ to be said

(3) You _____ for that matter.

    ① are to blame   ② are to be blamed

    ③ are to have been blamed   ④ are to be blaming

(4) He hurried back home, _____ that his mother had died two hours earlier.

    ① in order to find   ② so as to find

    ③ only to find   ④ with a view to finding

(5) We had no choice _____ the sad result.

    ① but accepting   ② but to accept

    ③ accepting   ④ to accept

(6) I advised her _____ in a hurry.

    ① not marrying   ② not marry

    ③ to not marry   ④ not to marry

(7) It was careless _____ your bag in the train.

    ① for you to leave   ② of you to leave

    ③ for your leaving   ④ of your leaving

(8) I was made _____ for over an hour.

    ① to wait   ② wait   ③ waited   ④ waiting

ここで折り返して答え合わせ

日本文に合うように，　　　　　　に適する語を入れなさい。

(1) この手紙を出すのを忘れないでね。

Please remember 　　　　　　　　　　 this letter.

(2) 私は若いときよくテニスをしたものだ。

I 　　　　　　　　　　 play tennis when I was young.

(3) もっとお行儀よくするように努めてください。

　　　　　　　　　　 behave better.

(4) 残念ながら行けません。

I 　　　　　　　　　　 say I can't come.

日本文に合うように，　　　　　　に入れるのに最も適当な語(句)を選びなさい。

(1) 彼の医者は彼に禁煙するように助言した。

His doctor advised him 　　　　　　 .

① giving up to smoke 　　　　② to give up smoking

③ to give up to smoke 　　　　④ giving up smoking

(2) 何が彼女の考えを変えたのですか。

What 　　　　　 her to change her mind?

① let 　② made 　③ caused 　④ had

ここで折り返して答え合わせ

(3) 彼には聖書を読んで理解するのに十分な英語の知識がなかった。

He didn't have ___ knowledge of English to read and understand the Bible.

① such　② much　③ enough　④ many

(4) 私は料理するのが本当に好きです。今晩夕飯を私に作らせてください。

I really love to cook. ___ me make dinner tonight.

① Allow　② Let　③ Do　④ Show

次の各文の下線部が正しければ〇を, 誤っている場合は正しい表現に直して書きなさい。

(1) The old man used to <u>getting</u> up early in the morning.

(2) When we asked our English teacher for his advice, he told us what kind of dictionaries <u>using</u> to improve our reading ability.

(3) He never fails to <u>keep</u> his promises.

ここで折り返して答え合わせ

次の各文の　　　　　に入れるのに最も適当な語（句）を選びなさい。

(1) I cannot avoid ＿＿＿ that.

① to speak　　② speaking　　③ to say　　④ saying

(2) He boasts of ＿＿＿ in the entrance examinations.

① having never failed　　　② never having failed

③ never to have failed　　　④ to have never failed

(3) I don't feel ＿＿＿ out for dinner this evening.

① like to go　　　　② like going

③ that I'll go　　　④ that I'm going

(4) I don't like ＿＿＿ like a little child.

① being treated　　　② having treated

③ to be treating　　　④ treating

(5) I'm looking forward ＿＿＿ you again.

① to seeing　　　② to see

③ for seeing　　　④ for me to see

(6) When we were at the beach last summer, we went ＿＿＿ every day.

① swim　　② swimming　　③ swam　　④ swims

ここで折り返して答え合わせ

(7) He objected to _____ to by strangers.

　① speak　　② speaking　　③ spoke　　④ being spoken

(8) I regret _____ English hard in my school days.

　① not to have studied　　② to have not studied

　③ having not studied　　④ not having studied

(9) This sweater is _____.

　① on my own knitting　　② of my own knitting

　③ to be knitting　　④ to be knitted by me

(10) It is no use _____ over spilt milk.

　① crying　　② to cry　　③ for crying　　④ to crying

(11) There is _____ who sent me this pretty doll.

　① impossible to tell　　② no one to tell

　③ no possibility to tell　　④ no telling

(12) She insisted _____ longer.

　① on my staying　　② for me to stay

　③ for my staying　　④ of me to stay

ここで折り返して答え合わせ

日本文に合うように，　　　　　に入れるのに最も適当な語 (句) を選びなさい。

(1) 彼女はパリ滞在中に宝石が盗まれたことを否定している。

She denies ＿＿＿＿ her jewels during her stay in Paris.

① to be stolen

② to have been robbed of

③ having been robbed of

④ being robbed of

(2) 私の家まで迎えに来ていただけませんか。

Would you mind ＿＿＿＿ me up at my home?

① pick　② to pick　③ picking　④ to be picked

(3) 教授がそう言うと，クラス全員が急に笑い出した。

＿＿＿＿, the whole class burst into laughter.

① On the professor's saying so

② The professor said so

③ While the professor saying so

④ As soon as the professor's saying so

(4) よく言われるように，人の趣味は説明できない。

As they say, ＿＿＿＿.

① they don't feel like accounting for tastes

② it is no use accounting for tastes

③ they cannot help accounting for tastes

④ there is no accounting for tastes

ここで折り返して答え合わせ

日本文に合うように，与えられた文字から始まる語を　　　　に入れなさい。

(1) 以前彼女に会ったことを覚えている。

I remember s　　　　　her before.

(2) 彼女はそんなふうにほほえまれることに慣れていなかった。

She was not used to b　　　　s　　　　at like that.

(3) 私は試しに左手で書いてみた。

I tried w　　　　with my left hand.

(4) 私は朝食前に運動する習慣があった。

I was in the h　　　　of e　　　　before breakfast.

次の各文の下線部が正しければ〇を，誤っている場合は正しい表現に直して書きなさい。

(1) Do you remember <u>to meet</u> her last year?

(2) I prefer reading books <u>to watching</u> television.

(3) Could you please stop <u>to make</u> so much noise?

ここで折り返して答え合わせ

受　動　態　1

語（句）を並べかえて日本文に合う英文にしなさい。

(1) 彼はみんなに笑われている。

He is ＿＿＿＿＿＿＿＿＿＿＿＿＿ .

　　ア　laughed　　イ　everybody　　ウ　at　　エ　by

(2) その病気の子どもはスーザンがよく面倒をみた。

The sick child was ＿＿＿＿＿＿＿＿＿＿＿＿＿ .

　　ア　taken　　イ　care　　ウ　good　　エ　Susan

　　オ　by　　カ　of

(3) 彼女はやりきれない女だ。

She is a person ＿＿＿＿＿＿＿＿＿＿＿ .

　　ア　be　　イ　up　　ウ　who　　エ　with

　　オ　put　　カ　can't

(4) 昨日, 新宿で外国人に話しかけられた。

Yesterday, I was ＿＿＿＿＿＿＿＿＿＿ in Shinjuku.

　　ア　to　　イ　by　　ウ　a foreigner　　エ　spoken

(5) 妹は強風で帽子を吹き飛ばされた。

My sister had ＿＿＿＿＿＿＿＿＿＿ .

　　ア　off　　イ　by　　ウ　her hat　　エ　blown

　　オ　the strong wind

ここで折り返して答え合わせ

(6) 最近, 髪を切ったのはいつですか。

When　　　　　　　　　　　　　　　cut?

　　ア　have　　イ　last　　ウ　did　　エ　your hair

　　オ　you

日本文に合うように,　　　　　に適する語を下から選び,記号で答えなさい。

(1) きみのふるまいに驚いている。

I am　　　　　at your behavior.

(2) 彼はその結果に満足した。

He was　　　　　with the result.

(3) 彼は本に没頭していた。

He was　　　　　in the book.

(4) 子どもたちはその手品をおもしろがった。

The children were　　　　　with the tricks.

(5) そのような要求に彼は困惑した。

He was　　　　　at such a request.

　　ア　satisfied　　イ　amused　　ウ　embarrassed

　　エ　absorbed　　オ　astonished

ここで折り返して答え合わせ

語（句）を並べかえて日本文に合う英文にしなさい。

(1) この辞書はよく売れる。

This　　　　　　　　　.

　　ア　well　　イ　sells　　ウ　dictionary

(2) 彼女はトムを愛していたが，トムの兄さんと結婚させられた。

She loved Tom, but she　　　　　　　　　.

　　ア　marry　　イ　his brother　　ウ　was　　エ　to

　　オ　forced

(3) 私たちは彼の命令に従わざるをえなかった。

We　　　　　　　　　his order.

　　ア　obliged　　イ　obey　　ウ　to　　エ　were

次の各文の下線部を正しい表現に直して書きなさい。

(1) The boy seems to be <u>bore</u> with the game.

(2) Japan is <u>hitting</u> by at least one or two typhoons every summer.

日本文に合うように，_____ に適する語を 1 語入れなさい。ただし，最初の語の頭文字は_____ 内に示されています。

(1) その映画にはがっかりした。

I was d_____ the movie.

(2) 彼女の名前はみんなによく知られている。

Her name is well k_____ everyone.

(3) その人の人柄はつき合っている友人を見ればわかる。

A man is k_____ the company he keeps.

日本文に合うように，_____ に入れるのに最も適当な語（句）を選びなさい。

(1) このエリアではスマートフォンの使用が許可されている。

You _____ use your smartphone in this area.

① are allowed to ② allow to

③ are allowed to not ④ allow to not

(2) 彼は周りの人に兄と比べられる。

He _____ with his older brother by people around him.

① compares ② is comparing

③ is compared ④ compared

ここで折り返して答え合わせ

DAY 21 文型 1

次の各文の　　　　に入れるのに最も適当な語(句)を選びなさい。

(1) Let's go home, 　　　　?

① will we ② shall we ③ can we ④ may we

(2) Bring me a cup of coffee, 　　　　?

① will you ② shall you ③ can you ④ may you

(3) I don't want to 　　　　 politics with you.

① discuss ② discuss about

③ discuss of ④ discuss on

(4) I felt someone 　　　　 my back from behind.

① touched ② touching

③ being touched ④ having touched

(5) I heard my name 　　　　 by a voice I did not recognize.

① call ② calling ③ called ④ to call

(6) I was furious and 　　　　 out of my house.

① told them get ② told them getting

③ told them about to get ④ told them to get

(7) He managed to make himself 　　　　.

① understand ② to understand

③ understanding ④ understood

ここで折り返して答え合わせ

語を並べかえて日本文に合う英文にしなさい。文頭の文字も小文字で示してあります。

(1) その弁護士は彼の無実を証明してくれた。

    .

    ア proved   イ lawyer   ウ his   エ the

    オ innocence

(2) ぼくは彼女に切符を買ってやった。

    .

    ア bought   イ a   ウ I   エ ticket

    オ her

(3) その話を聞いて悲しくなった。

    .

    ア story   イ saddened   ウ the   エ me

(4) きみはなんていい子なんだろう！

    !

    ア you   イ a   ウ boy   エ nice   オ are

    カ what

語（句）を並べかえて日本文に合う英文にしなさい。文頭の文字も小文字で示してあります。

(1) 私たちはヨーロッパとアジアへの2カ月の旅をした。

　　ア　went on　　イ　of　　ウ　a　　エ　Europe and Asia
　　オ　two-month　　カ　tour　　キ　we

(2) サラは寒さでイライラしていた。

　　ア　was　　イ　the　　ウ　irritable　　エ　cold
　　オ　Sara　　カ　making

(3) 彼らは彼をチームのキャプテンにした。

　　ア　captain　　イ　made　　ウ　him　　エ　of
　　オ　team　　カ　the　　キ　they

(4) その給料では家族を養えない。

　　ア　support　　イ　on　　ウ　you　　エ　a family
　　オ　that　　カ　salary　　キ　can't

ここで折り返して答え合わせ

解答

(5) イ-キ-オ-エ-カ-ウ-ア　(1) ④　(2) ②　(3) ④
(1) without saying anything で「何も言わずに」という意味になる。

(5) 彼は私たちにそのレストランの席をとっておいてくれた。

> ア the restaurant　イ he　ウ at　エ us
> オ kept　カ a table　キ had

日本文に合うように，_____ に入れるのに最も適当な語（句）を選びなさい。

(1) 彼は何も言わずに部屋に入った。

He _____ the room without saying anything.

① entered to　　　　　　　② entered in

③ entered into　　　　　　④ entered

(2) この車をガソリンスタンドで修理してもらいましょう。

Let's have this car _____ at the gas station.

① fix　② fixed　③ fixing　④ to fix

(3) 彼らは寒さから身を守るために一晩中火を燃やし続けた。

They kept a fire _____ all night to protect themselves from the cold.

① be burn　② be burning　③ burn　④ burning

日本文に合うように，必要であれば　　　内の動詞を最も適当な形にしなさい。ただし，助動詞を補う必要があるものもあります。

(1) 時間があれば，その映画を見に行くのだが。

If I (have) time, I (go) to see the movie.

(2) そのときそこにいたら，その場面を見ることができたのだが。

If I (be) there, I (see) the scene.

(3) もっと勉強していたら，今頃 A 大学の学生なのだが。

If I (study) harder, I (be) a student of A University now.

(4) 彼女はいつも男の子だったらよかったのにと思っている。

She always wishes she (be) a boy.

(5) 彼は幽霊でも見たかのような顔をしていた。

He looked as if he (see) a ghost.

(6) 水がなければ生物は生きられない。

If it (be) not for water, no living things could survive.

(7) 地下鉄に乗ったらどうかと彼はその外国人に提案した。

He suggested to the foreigner that he (take) the subway.

ここで折り返して答え合わせ

(8) もし私が死んだら, 妻と子どもはどうなるだろう。

If I (die), what will become of my wife and children?

(9) 賢い人ならそんなことはしないだろう。

A wise man (not do) such a thing.

(10) 私は白昼夢を見ているようだ。

I feel as if I (daydream).

次の各組の 2 文が同じ意味になるように,　　　 に適する語を
入れなさい。

(1)　I don't have enough money, so I can't buy the car.

　　　If I ＿＿＿＿＿ enough money, I ＿＿＿＿＿ buy the car.

(2)　His assistance enabled her to accomplish the job.

　　　＿＿＿＿＿ it not ＿＿＿＿＿ for his assistance, she would

　　　＿＿＿＿＿ in the job.

(3)　It is time for you to go to bed.

　　　It is time you ＿＿＿＿＿ to bed.

(4)　I am sorry that I didn't arrive in time.

　　　I wish I ＿＿＿＿＿＿＿＿＿ in time.

(4) were　(5) had seen　(6) were　(7) take [should take]

(1) had, would go　(2) had been, could have seen　(3) had studied, would be

日本文に合うように，　　　　に入れるのに最も適当な語（句）を選びなさい。

(1) 霧がなければ，私たちは1週間前に目的地に着いていたかもしれない。

But for the fog, we　　　　our destination a week ago.

① will reach　　　　　　② could reach

③ would reach　　　　　④ could have reached

(2) あのとき，あなたが私にすべての話をしてくれていれば。

If only you　　　　me the whole story at that time.

① have told　　② had told　　③ told　　④ would tell

(3) もう少し辛抱すれば，アリスは成功したでしょう。

　　　　a little more patience, Alice would have succeeded.

① In　　② Or　　③ Under　　④ With

(4) 彼は最善を尽くした，さもなければ失敗していただろう。

He did his best,　　　　.

① so he might have failed

② or he must have failed

③ otherwise he would have failed

④ but he should have failed

ここで折り返して答え合わせ

次の各文の下線部が正しければ〇を，誤っている場合は正しい表現に直して書きなさい。

(1) If the driver had been more careful, the accident <u>would not happen</u>.

(2) If the electron microscope had been invented a bit earlier, medical science <u>would have</u> advanced even more rapidly.

次の各組の 2 文が同じ意味になるように， に適する語を入れなさい。

(1) Because I'm not old enough, I can't understand your experience.

If I _____ older, I _____ understand your experience.

(2) As he didn't know, he didn't come.

He would have come, _____ known.

(3) I was so busy at that time, I couldn't go there.

If I _____ so busy at that time, I could have gone there.

ここで折り返して答え合わせ

日本文に合うように，　　　　内の動詞を最も適当な形にしなさい。

(1) 彼は近づいてくる入学試験の準備に忙しい。

He is busy (prepare) for the coming entrance examination.

(2) 私の英語は通じなかった。

I couldn't make myself (understand) in English.

(3) 私は高い木が嵐で倒れるのを見た。

I saw a tall tree (blow) down in the storm.

(4) びんの中には水がほとんど残っていなかった。

There was little water (leave) in the bottle.

(5) もう皿洗いは全部終わったから寝られる。

Now I can go to bed with all the dishes (wash).

(6) 子どもたちは座って地面に絵を描いていた。

The children sat (draw) pictures on the ground.

(7) 警官を見て強盗は逃げ出した。

(See) a police officer, the burglar ran away.

(8) スペインで生まれ育ったので, 彼女は流暢なスペイン語を話す。

(Bear) and (bring) up in Spain, she speaks fluent Spanish.

(9) 何を言っていいのかわからなかったので, 私は黙っていた。

Not (know) what to say, I remained silent.

(10) 前に会ったことがあるので, すぐに彼女だとわかった。

(See) her before, I recognized her at once.

(11) 祖父は孫たちに囲まれて満足そうだった。

My grandfather seemed to be satisfied, (surround) by his grandchildren.

日本文に合うように, 与えられた文字から始まる語を　　　に入れなさい。

(1) 彼が歩いて行くと犬がついて行った。

He walked along w　　　　　　a dog f　　　　　　.

(2) ぼくのコンピュータを修理してもらおう。

I will h　　　　　　my computer r　　　　　　.

(3) 何もすることがなかったので, テニスクラブへ行った。

H　　　　n　　　　　　　to do, I went to the tennis club.

(4) 日が暮れてきたので家に帰った。

Night c　　　　　　on, we went back home.

(5) 一般的に言って, 日本語はむずかしい言語である。

G　　　　　s　　　　　　, Japanese is a difficult language.

日本文に合うように, 与えられた文字から始まる語を　　　　に入れなさい。

(1) サッカーと言えば, あなたはどの選手が好きですか。

　　T　　　　　o　　　　　　　soccer, which player do you like?

(2) 空模様から判断すると, もうすぐ雨が降るだろう。

　　J　　　　f　　　　　　　the look of the sky, it will rain soon.

(3) 率直に言って, そのプロジェクトは成功しないと思う。

　　F　　　　s　　　　　　　, I don't think the project will be

　　successful.

(4) すべてを考慮に入れると, 彼女にはもう1度チャンスが与えられるべきだ。

　　T　　　　all things i　　　　　　consideration, she ought

　　to be given another chance.

(5) 地図によれば, その店は病院の隣にある。

　　A　　　　t　　　　　　the map, the shop is next to the

　　hospital.

(6) 台風のためにそのイベントは延期になった。

　　O　　　　t　　　　　　the typhoon, the event was

　　postponed.

ここで折り返して答え合わせ

(7)　天気がよければ, 私たちは明日ピクニックに行くつもりだ。

W　　　　　p　　　　　　　, we're going to go on a picnic

tomorrow.

日本文に合うように,　　　　　に入れるのに最も適当な語 (句) を選びなさい。

(1)　他の条件が同じであれば, 私はこのストーブを購入したいと思う。

Other things　　　　　equal, I want to buy this stove.

① be　　② are　　③ were　　④ being

(2)　ワーテルローの戦いに敗れたナポレオンはエルバ島に逃亡した。

　　　　　at the Battle of Waterloo, Napoleon fled to the island of

Elba.

① He was defeated　　　　② Defeating

③ Defeated him　　　　④ Defeated

(3)　何をすればいいのか分からず, 彼はかなり途方に暮れていた。

　　　　　what to do, he was quite at a loss.

① Known　　　　② To know

③ Knowing　　　　④ Not knowing

(4)　道路は 1 週間以上閉鎖されたままだった。

The road remained　　　　　for more than a week.

① closing　　② closed　　③ to close　　④ close

日本文に合うように，　　　　に適する語を入れなさい。

(1) 泳げるようになりたいと思う子どもならだれでも，泳げるように
なる。

Any child ＿＿＿＿＿＿ wants to swim can learn.

(2) 彼は彼女に近い人の悪口を言いたくなかった。

He didn't like to speak ill of someone ＿＿＿＿＿＿ she was close
to.

(3) ぼくがその音楽を一番好きなショパンは，偉大な作曲家の1人
である。

Chopin, ＿＿＿＿＿＿ music I like best, is one of the greatest
composers.

(4) 彼は自分の泊まっているホテルの名前を教えてくれた。

He gave me the name of the hotel ＿＿＿＿＿＿ he was staying.

(5) イギリスを去った人たちの大半は，アメリカ合衆国を目指した。

Most of ＿＿＿＿＿＿ left England headed for the
United States.

(6) 向こうに頂上の見える山が浅間山です。

The mountain, the top ＿＿＿＿＿＿ you can see
over there, is Mt. Asama.

語（句）を並べかえて日本文に合う英文にしなさい。

(1)　私が昨日買った辞書はとても便利だ。

The dictionary ＿＿＿＿＿＿＿＿＿＿＿＿＿＿＿＿ .

　　　ア　I　　イ　yesterday　　ウ　bought　　エ　useful

　　　オ　is　　カ　very　　キ　which

(2)　彼は老人を助けた，そしてその老人は彼に感謝した。

He helped the old man, ＿＿＿＿＿＿＿＿＿＿＿＿ .

　　　ア　for　　イ　who　　ウ　it　　エ　thanked

　　　オ　him

(3)　私にはジョージという名前の友達がいる。

I ＿＿＿＿＿＿＿＿＿＿＿＿＿＿＿＿ .

　　　ア　name　　イ　have　　ウ　is　　エ　a friend

　　　オ　George　　カ　whose

(4)　あなたに会いたがっている人がドアのところにいます。

There is ＿＿＿＿＿＿＿＿＿＿＿＿＿＿＿＿ you.

　　　ア　someone　　イ　to　　ウ　the door　　エ　wants

　　　オ　who　　カ　see　　キ　at

ここで折り返して答え合わせ

日本文に合うように，　　　　　に適する語を入れなさい。

(1) ハワイは将来行ってみたいところだ。

Hawaii is the place ＿＿＿＿＿ I want to visit in the future.

(2) 彼女は私の言うことを信じないだろう。

She won't believe ＿＿＿＿＿ I tell her.

(3) どんなに忙しくても，彼は週末は家で過ごすことにしている。

＿＿＿＿＿ busy he is, he makes it a

rule to stay home on weekends.

(4) 来たい人はだれでも歓迎する。

We will welcome ＿＿＿＿＿ wants to come.

(5) 彼を知っているだれがそれを信じるだろうか。

Who ＿＿＿＿＿ knows him will believe it?

(6) 読書と精神の関係は食べ物と身体の関係と同じである。

Reading is to the mind ＿＿＿＿＿ food is to the body.

(7) ここが彼らが見つけた場所だ。

This is the place ＿＿＿＿＿ they found.

ここで折り返して答え合わせ

語 (句) を並べかえて日本文に合う英文にしなさい。

(1) 昨日何が起こったか話します。

I _____ .

　　ア　what　　イ　will　　ウ　happened　　エ　tell

　　オ　yesterday　　カ　you

(2) 私は先日, あなたが話していた女の子に会った。

I _____ the other day.

　　ア　that　　イ　met　　ウ　you　　エ　the girl

　　オ　were　　カ　talking　　キ　about

日本文に合うように, _____ に入れるのに最も適当な語 (句) を選びなさい。

(1) またお好きなときにお気軽にお越しください。

Please feel free to come back _____ you like.

　　① whoever　　　　　　　　② whatever

　　③ whenever　　　　　　　④ whichever

(2) この道を通る人に深い雪について警告してください。

Warn _____ takes this route about the deep snow.

　　① whoever　　　　　　　② whomever

　　③ to whoever　　　　　　④ to whomever

ここで折り返して答え合わせ

解答

(1) which[that]　(2) what　(3) No matter how　(4) whoever　(5) that　(6) what
(7) which[that]

語（句）を並べかえて日本文に合う英文にしなさい。

(1) 年こそ若かったが, 彼は有能だった。

Yong ＿＿＿＿＿＿＿＿＿＿, he was an able man.

　　ア　he　　イ　was　　ウ　as

(2) ぼくは行けないし, 行きたいとも思わない。

I cannot go, ＿＿＿＿＿＿＿＿＿＿.

　　ア　I　　イ　nor　　ウ　to　　エ　want　　オ　do

(3) いったいどうしたのか。

What ＿＿＿＿＿＿＿＿＿＿?

　　ア　the matter　　イ　on　　ウ　is　　エ　earth

(4) 彼は奨学金で大学に行くことができた。

The scholarship ＿＿＿＿＿＿＿＿＿＿ to college.

　　ア　him　　イ　go　　ウ　to　　エ　enabled

(5) トムはドイツ語が話せるが, 弟も話せる。

Tom can speak German, and ＿＿＿＿＿＿＿＿＿＿.

　　ア　his brother　　イ　can　　ウ　so

ここで折り返して答え合わせ

日本文に合うように，　　　　に適する語を入れなさい。

(1) 誤りがあれば正しなさい。

　　Please correct the errors,　　　　　　　　　　　.

(2) 何の用でここに来ましたか。

　　What　　　　　　　　　　　you here?

(3) その俳優は結婚しているという事実を隠していた。

　　The actor hid the fact　　　　　she was married.

(4) 必要なら行こう。

　　I'll go,　　　　　　　　　　.

(5) 「きみはこのゴルフクラブのメンバーになれない。」「なぜです
　　か。」

　　"You cannot become a member of this golf club." "
　　　　　　　　?"

(6) これこそきみにもってこいの品だ。

　　This is the　　　　　　　thing for you.

ここで折り返して答え合わせ

30 注意を要する構文 2

日本文に合うように，　　　　に入れるのに最も適当な語 (句) を選びなさい。

(1) その地域では英語だけでなくフランス語も話されている。

Not only English but also French 　　　　 in that area.

① speak　　② speaks　　③ are spoken　　④ is spoken

(2) ご近所なので, 私の家に寄ってみませんか。

Since you are in my neighborhood, 　　　　 you drop in at my house?

① how don't　　② what do　　③ when do　　④ why don't

(3) がんは発見が遅れなければ治る。

Cancer can be cured if 　　　　 in time.

① discover　　　　　　　② to discover

③ discovering　　　　　④ discovered

(4) 彼は教会に行くとしてもまずめったに行かない。

He seldom, 　　　　, goes to church.

① if any　　② if ever　　③ because of　　④ in addition

(5) 私があなたのパソコンを壊したのは故意ではなく偶然だった。

It was not 　　　　 accident that I broke your personal computer.

① on purpose but by　　　　② on purpose nor on

③ by purpose and by　　　　④ by purpose but by

ここで折り返して答え合わせ

語（句）を並べかえて日本文に合う英文にしなさい。

(1) 私が会いたいのはジャックです。

It is   .

    ア I   イ Jack   ウ see   エ to   オ want

    カ that

(2) 私たちは雨でハイキングに行けなかった。

The rain   .

    ア from   イ going   ウ on   エ prevented

    オ us   カ a hike

(3) なぜそう考えるのですか。

What   ?

    ア you   イ think   ウ so   エ makes

(4) 何が起こったと思いますか。

What   ?

    ア you   イ has   ウ think   エ happened

    オ do

ここで折り返して答え合わせ

巻末付録

英文一覧

DAY 01 　時制 1

1 (1) We will begin the game again as soon as it **stops** raining.

雨が止んだらすぐまた試合を始めよう。

▶時や条件を表す副詞節の中で，単純未来の will, shall を用いてはいけない。

1 (2) I don't know if it **will be** fine tomorrow.

明日晴れるかどうかわからない。

▶「～かどうか」という意味の if 節（名詞節）では，未来のことは will, shall を用いる。

1 (3) If I read the book once more, I **will have read** it three times.

この本をもう1回読めば3回読んだことになる。

▶未来のある時までの経験を表す場合は未来完了形。

1 (4) **Have** you ever **tried** sushi before?

以前寿司を食べたことがありますか。

▶経験をたずねるときは完了形。

1 (5) We **will have finished** our meeting by the time you arrive.

きみが来るまでには会合は終わっているだろう。

▶未来の一時点における完了の意味がある場合は未来完了形。

1 (6) People in the Middle Ages **believed** the earth was flat.

中世の人々は地球は平らだと思っていた。

▶単純過去。the earth was となっているのは時制の一致。

1 (7) I believe the day will come when we humankind **will live** together peacefully.

人類がともに平和に暮らせる日が来ると信じている。

▶形容詞節の中では，未来のことは will, shall を用いる。

2 (1) Our teacher told us World War II **ended** in 1945.

先生が第二次世界大戦は1945年に終わったと言った。

▶歴史上の事実は常に過去形で表す。

2 (2) He spoke English fluently for he **had lived** in London for six years.

彼はロンドンに6年住んでいたので英語を流ちょうに話した。

▶「流ちょうに話した」以前にロンドンに住んでいたので過去完了形（大過去）を用いる。

2 (3) My father used to say that time **is** money.

父はよく時は金なりと言っていた。

▶永遠の真理は常に現在形で表す。

2 (4) The water of the lake was cleaner than **it is** now.

昔はその湖の水は今よりきれいだった。

▶ it is now は現在のことなので前の was と一致しなくてもよい。

DAY 02　時制 2

1 (1)　When I visited his house, he **was studying** English.　彼の家に行ったら彼は英語の勉強をしていた。

　▶動作が進行中の場合は必ず進行形を用いる。

1 (2)　I **belong** to a tennis club in Urawa.　私は浦和のテニスクラブに所属している。

　▶継続的な状態を表す動詞は進行形を用いない。

1 (3)　All the food **had been eaten** before most of the guests arrived.　ほとんどのお客が到着する前に食べ物はすべて食べられてしまっていた。

　▶過去の一時点までの完了・結果を表す過去完了を使う。

1 (4)　My father has **been dead** for ten years.　私の父は10年前に亡くなった。

　▶「ずっと死亡状態にある」という現在完了の継続の文。

1 (5)　Please lend me the book if you **have finished** reading it.　その本を読み終えたら私に貸してください。

　▶時・条件を表す副詞節の中では未来（完了）の意味を現在（完了）形で表す。

1 (6)　If you come home at eight o'clock tomorrow, we **will already have left** the house.　あなたが明日8時に帰宅したら, 私たちはすでに家を出ているだろう。

　▶未来の一時点ですでにし終えてしまっていることは未来完了を用いて表す。

2 (1)　I was sure that she **would** succeed.　私はきっと彼女が成功するだろうと思っていた。

　▶時制の一致。

2 (2)　**How long have you been waiting** for him?　彼を待ち続けてどれくらいですか。

　▶〈How long ＋現在完了進行形の疑問文〉の語順。

3 (1)　It has **been three years since** they got married.　彼らが結婚してから3年になる。

　▶〈It has been ＋時間＋ since ＋ S ＋ did〉で表す。

3 (2)　My father **has gone** to Paris.　私の父はパリへ行ってしまって今ここにはいない。

　▶「行ってしまって今はいない」を go を用いて現在完了形で表す。

3 (3)　I **haven't visited** my cousin's house **since** I was little.　私が最後にいとこの家を訪れたのは, 私が小さい頃だった。

　▶「小さい頃からずっといとこの家を訪れていない」と言い換える。

DAY 03　代名詞 1

1 (1)　The climate of Japan is milder than **that** of the U.K.　日本の気候はイギリスより温暖である。

　▶すでに述べた語・語句・節の反復を避けて「それ」という意味で用いる。

1 (2)　I have three brothers; one lives in Osaka and **the others** live in Tokyo.　私には3人の兄弟がいる。1人は大阪に, あとは東京に住んでいる。

　▶ the others は「ほかの特定の残り全部」という意味。

1 (3)　To say is one thing and to do is quite **another**.　言うことと実行することは全く別のことである。

　▶〜 is one thing and ... is another「〜と…とは別もの」

1(4) Your point of view is a little bit different from **mine**.

あなたの観点は私のとは少し違う。

▶ my point of view「私の観点」という意味になるので所有代名詞の mine を選ぶ。

1(5) **Those** who live in this town can participate in it.

この町に住んでいる人はそれに参加することができる。

▶ those who ～「～な人々」

1(6) I'm sorry, but I don't want **either**.

すみませんが, 私はどちらもほしくありません。

▶ not ～ either「どちらも～ない」

2(1) It **happened that he was** there when the earthquake occurred.

地震が起きたとき彼はたまたまそこにいた。

▶ It happened that ～の形。

2(2) There **don't seem to** be many people on campus today.

今日はキャンパスにはあまり人がいないようだ。

▶ seem を否定して don't seem にする。

2(3) It is **necessary that** you should do your duty.

自分の義務を果たすことが必要だ。

▶ It is ～ that …の形式主語構文。

2(4) It is **my mother that I'm worried about**.

私が心配しているのは母のことだ。

▶ It is ～ that …の強調構文。(3) の構文との違いに注意。

2(5) **Most of the students** are present today.

今日は, ほとんどすべての学生が出席している。

▶ 〈almost all of the ＋名詞〉は〈most of the ＋名詞〉と同意。

DAY 04 代名詞 2

1(1) Yes, I have **one** in Hong Kong.

はい, 香港に1人います。

▶前に述べた単数の名詞を指して「1つの物, 人」

1(2) I don't agree with **everything** he says.

彼の言うこと全部に賛成するわけではない。

▶ not ～ everything[all]「すべてが～であるわけではない」

1(3) The scientist has more intelligence than **anybody** I've ever met.

その科学者は私が今まで会っただれよりも知的だ。

▶「今まで会っただれよりも」anybody I've ever met

1(4) **Neither** of them is likely to succeed.

2人とも成功しそうにない。

▶ neither of ～「～のうち両方［2者］とも…でない」

1(5) I will lend you the money if you need **it**.

もしあなたがそのお金を必要としているのなら, それを貸します。

▶ it は the money を指し,「その特定のお金」を表している。

1(6) **Each** of these four students has submitted an assignment.

これらの4人の生徒はそれぞれ課題を提出した。

▶ each of A で「A のそれぞれ」という意味。

1 (7) **None** knows the weight of another's burden.

だれも他人の苦労の重さはわからないものだ。

▶ none 〜「だれも〜ない」

2 (1) **Some** like jazz and **others** don't.

ジャズが好きな人もいればそうでない人もいる。

▶ some 〜 others[some] ...「〜もいれば，…もいる」

2 (2) Take one of these pills **every** twelve hours.

この薬を12時間ごとに1つ飲みなさい。

▶〈every ＋数字＋複数名詞〉「〜ごとに」

3 (1) One can't play hide-and-seek by **oneself**.

人は1人ではかくれんぼはできない。

▶ by oneself「1人で」

3 (2) The **same** is true of Japan.

同じことが日本についても言える。

▶ the same「同じこと」

3 (3) Most of them speak either German or French or **both**.

彼らの大部分はドイツ語かフランス語，あるいはその両方を話すことができる。

▶ both「両方」

DAY 05 接続詞 1

1 (1) He is not a writer **but** a politician.

彼は小説家ではなく政治家だ。

▶ not A but B「A ではなく B」

1 (2) He didn't want to go, and **nor** did I.

彼は行きたくなかった。ぼくもそうだった。

▶ 2つ否定するときは，not 〜 nor，neither 〜 nor，not 〜 either。

1 (3) There is no possibility **that** she may be alive.

彼女が生きている可能性はない。

▶ possibility と同格の名詞節を導く that。

1 (4) You will be safe **once** you have crossed the river.

川を渡ってしまえば安心だ。

▶ once 〜「ひとたび〜してしまえば，いったん〜すれば」

1 (5) Let's meet every Saturday **unless** there is nothing to talk about.

何も相談することがない場合を除いて，毎週土曜日に会おう。

▶ unless 〜「〜しない限り」。この場合 unless と nothing で二重否定になっている。

1 (6) Please tell me **whether or not** you agree.

賛成かどうか言ってください。

▶ whether or not 〜「〜かどうか」。or not は省略されることも多い。

1 (7) It will **not be long before** humankind take a trip to the moon.

人類が月に旅する日も遠くはない。

▶ It will not be long before 〜「〜する日も近い」

1 (8) The mountain was covered with snow all over, **so that** it took much more time to climb than we had expected.

山全体が雪におおわれていたので，登るのに思っていた以上の時間がかかった。

▶〜, so that ...「〜で，その結果…となった」

2 (1) **Not only** he **but also** I was to blame.　　　彼だけではなくぼくも悪かった。

▶ not only A but also B「A ばかりでなく B も」

2 (2) **It is not until** you lose your health **that** you realize its value.　　　健康を失って初めてその価値がわかる。

▶ It is not until ~ that ...「~して初めて…する」。前から訳すことに注意。

2 (3) **No sooner** had he spoken **than** he regretted it.　　　彼は言ったとたんに後悔した。

▶ No sooner ~ than ...「~するやいなや…」。倒置になることに注意。

2 (4) Write it down **so that** you don't forget.　　　忘れないようにそれを書き留めておきなさい。

▶ so that ~「~するために」

DAY 06　接続詞 2

1 (1) **Even if** you make a great effort, you won't accomplish it.　　　たとえきみが一生懸命努力しても, それを成し遂げることはできまい。

▶ even if ~「たとえ~だとしても」

1 (2) I'll bring an umbrella **in case** it rains.　　　雨が降る場合に備えて, かさを持って行こう。

▶ in case「~する場合に備えて」

1 (3) You must read the book **whether** you are interested in it **or** not.　　　興味があろうとなかろうと, その本を読まなければいけない。

▶ whether A or B で「A であろうと B であろうと」という譲歩の意味を表す。

1 (4) There are no trees **as far as** I can see.　　　見渡す限り木は I 本もない。

▶ as far as ~「(範囲・程度) ~のおよぶ限りでは」

1 (5) **Since** you have a fever, it's better to go home early today.　　　熱があるので, 今日は早く帰った方がよい。

▶ since「~なので」。相手がすでに知っている原因・理由を述べる際に用いる。

1 (6) Dance **as** you were taught.　　　教わったとおりに踊りなさい。

▶ (この) as は様態「~ (する) ように, ~ (する) とおりに」を表す。

1 (7) I will take you to the beach next time, **provided that** you behave well.　　　お行儀よくしていたら, 今度海辺へ連れて行ってあげよう。

▶ provided[providing] that ~「もし~ならば」

2 (1) My mother sold her new watch **because** it was not as good as she had expected.　　　私の母は新しい時計が期待していたほどよくなかったので売った。

▶ 文の後半は前半の理由になっている。because「~なので」を選ぶ。

2 (2) You can use this room **as long as** you keep it clean.　　　きれいにしているのであれば, この部屋を使ってよい。

▶ as long as ~「~する限り」で、条件を表す接続詞。

2 (3)　It is unknown **whether** there are animals in this area.

この地域に動物がいるかどうかわからない。

▶ whether「〜かどうか」。2の if は動詞の目的語の場合のみしか使えない。

3 (1)　She can **both** sing **and** dance well.

彼女は歌うことも踊ることも上手だ。

▶ both A and B「A と B の両方とも」

3 (2)　I usually have dinner **after** practicing the guitar.

私はふだんギターを練習したあとに夕食を食べる。

▶ after 〜「〜したあとに」。before は「〜する前に」

3 (3)　Get up early, **otherwise** you will miss the bus.

早く起きなさい, さもないとバスを逃しますよ。

▶ otherwise「さもないと, そうでなければ」

3 (4)　I saw a beautiful lake **while** I was staying in Canada.

私はカナダに滞在している間に美しい湖を見た。

▶ while 〜「〜する間に」。while の後ろには節がくる。

DAY 07　前置詞 1

1 (1)　Let me help you **with** your baggage.

荷物を持ってあげましょう。

▶ help 〜 with ...「...のことで〜を助ける」

1 (2)　**To** my disappointment, she failed the examination.

がっかりしたことには, 彼女は試験に落ちた。

▶〈to + one's +感情を表す名詞〉「〜したことには」

1 (3)　I usually finish work **by** five o'clock.

私はたいてい5時までに仕事を終える。

▶ by は「期限」を表す。

1 (4)　**Between** you and me, he'll soon be fired.

ここだけの話だが, 彼はまもなくクビになる。

▶ between you and me「ここだけの話だが」。慣用表現。

1 (5)　Are you for or **against** my opinion?

あなたは私の意見に賛成ですか, 反対ですか。

▶ for は「賛成, 味方」の意を表し, against は「反対, 敵対」の意を表す。

1 (6)　Let's talk about it **over** a cup of coffee.

それについてはコーヒーを飲みながら話しましょう。

▶ over「〜しながら」

2 (1)　Computers are superior **to** dictionaries.

コンピュータは辞書よりすぐれている。

▶ A is superior to B「A は B よりすぐれている」

2 (2)　They robbed the traveler **of** his money.

彼らはその旅行者から金を奪った。

▶ rob A of B「A から B を奪う」

2 (3)　I know him **by** face.

彼を顔だけは知っている。

▶ know 〜 by face「(名前は知らないが) 〜の顔だけは知っている」

2 (4) At that time I had no house to live **in**.
当時私には住む家がなかった。
▶ この in は省けない。to live in a house と考える。

2 (5) The picture reminds me **of** my dead mother.
その写真を見ると死んだ母を思い出す。
▶ remind A of B「A に B を思い出させる」

2 (6) Our school begins **at** 8:30.
学校は8時半から始まる。
▶ begin（始まる）には〈at ＋時間〉を用いる。日本語の「8時半から」にひかれて from としないように注意。

3 (1) This song is popular **among** people around the world.
この歌は世界中の人々の間で人気がある。
▶ among「〜の間で」は通常3人以上の場合に用いる。

3 (2) I was named **after** my mother.
私は母にちなんで名づけられた。
▶「〜にちなんで名づけられる」は be named after 〜で表す。

DAY 08　前置詞 2

1 (1) The stolen jewels must be recovered **at** any cost.
その盗まれた宝石はなんとしてでも取り戻さねばならない。
▶ at any cost「どうしても，どんな犠牲を払っても」

1 (2) The problem you are dealing **with** is difficult, isn't it?
きみが取り扱っている問題はむずかしいですよね。
▶ deal with 〜「〜を取り扱う」。deal in 〜なら「〜（の商品）を商う」。

1 (3) Everyone **except** her belongs to some kind of club.
彼女以外はみんななにかしらの部活に所属している。
▶ except 〜「〜を除いて」

1 (4) She concentrated her energy **on** perfecting her photography.
彼女は自分の写真術を完成させることに精力を集中した。
▶ concentrate A on B「A を B に集中する」

1 (5) **On** account of illness, she absented herself from the party.
彼女は病気のためにパーティを欠席した。
▶ on account of 〜は原因・理由を表す。

1 (6) Cheese is made **from** milk.
チーズは牛乳から作られる。
▶「〜（原料）で作られる」は be made from 〜で表す。

2 (1) She arrived at school **on** time **in spite of** the snowstorm.
吹雪にもかかわらず，彼女は学校に間に合った。
▶ in spite of 〜「〜にもかかわらず」。on time「時間通りに」

2 (2) Don't speak **with** your mouth full.
口に食べ物をいれたまましゃべってはいけません。
▶〈with ＋ O ＋ C〉で「O が C したまま」という付帯状況の表現になる。

3 (1) I can finish this assignment **with** ease.　　　　私はこの課題を簡単に終わらせることができる。

▶〈with + 抽象名詞〉で副詞の意味になる。

3 (2) Illness prevented me **from** attending the ceremony.　私は病気のため式典に参加できなかった。

▶ prevent A from 〜ing「A が〜するのを妨げる」

3 (3) I insisted **on** the innocence of the lady.　　　　私はその女性の無実を主張した。

▶ insist の後ろに名詞がくる場合は insist on[upon] 〜「〜を主張する」で表す。

3 (4) **Besides** English, he can speak Chinese.　　　　英語のほかに, 彼は中国語も話すことができる。

▶ besides 〜「〜のほかに」

DAY 09　助動詞 1

1 (1) You **cannot** be hungry. You've just had dinner.　きみはおなかがすいているはずがない。夕食を食べたばかりだ。

▶ cannot 〜「〜のはずがない」

1 (2) She **would** often jog in the park early in the morning in those days.　彼女は当時よく朝早く公園でジョギングをしたものだ。

▶ would often 〜「よく〜したものだ」。過去の習慣を表す。

1 (3) It is natural that she **should** get angry.　　　　彼女が怒るのも当然だ。

▶〈It is + 判断・基準を表す形容詞 + that 〜 should ...〉の構文。

1 (4) The door **will** not open.　　　　　　　　　　　ドアがどうしてもあかない。

▶ will not は強い拒絶を表す。

1 (5) You **ought** to do your best.　　　　　　　　　　最善を尽くすべきだ。

▶ ought to 〜「〜すべきだ」

1 (6) At the meeting, it was proposed that a special committee **should** be appointed.　特別委員会メンバーを任命するという提案が会議でなされた。

▶「提案する」といった動詞のあとの that 節の中では should を用いる。

1 (7) Oil **will** float on water.　　　　　　　　　　　油は水に浮くものである。

▶ 習性の will。

1 (8) **Shall** we go to the concert next Sunday?　　　次の日曜日にコンサートに行きましょうか。

▶ Shall we 〜?「〜しましょうか」

2 (1) You are much taller than you **used to** be.　　　きみは以前よりずっと背が高くなった。

▶〈used to + 動詞の原形〉は「よく〜したものだ」「以前は〜だった」の 2 つの意味がある。

2 (2) He will soon get **used** to living poorly.　　　　彼もすぐに貧しい暮らしに慣れるだろう。

▶ get[become] used to 〜ing「〜するのに慣れる」。(1) の used to 〜と混同しないよう注意。

2 (3) **How dare** you speak to me like that? よく私にそんな口がきけるね。

▶ How dare you do ～ ?「よくそんなことができるもんだ」

2 (4) You **can't** be **too** careful in crossing the street. 道路を横断するときは, 注意してもしすぎるということはない。

▶ can't[cannot] ～ too ...「いくら…してもしすぎるということはない」

3 (1) You **had better not** travel at this time. この時期に旅行をするのは避けた方がよい。

▶ had better ～「～した方がよい」の否定形 had better not ～「～しない方がよい」

3 (2) You **may well** be proud of your son. きみが息子を自慢するのももっともだ。

▶ may well ～「～するのももっともだ」

DAY 10 **助動詞 2**

1 (1) The landlord demanded that she **pay** him the rent right away. 地主は彼女が地代をすぐ払うよう要求した。

▶ demand, insist などの動詞に続く that 節内では should ～か動詞の原形。

1 (2) You **should have been** more careful. きみはもっと注意すべきだったのに。

▶「～すべきだったのに」は〈should have ＋過去分詞〉で表す。

1 (3) I **couldn't** help laughing at the sight. 私はその光景に笑わずにはいられなかった。

▶ can't[cannot] help ～ing「～せずにはいられない」。過去のことなので couldn't になる。

2 (1) I can't **afford** to buy it. 私にはそれを買う余裕はない。

▶ can't afford to ～「～する余裕はない」

2 (2) I **would rather** not go out today. 今日はむしろ外へ出たくありません。

▶ would rather not ～「むしろ～したくない」。not to ～とはならないので注意。

2 (3) **May** you live long! 長生きしてください!

▶祈願の may。

3 (1) Since we have come as far as this street, we **might as well** drop in at her house. この通りまで来たのだから, 彼女の家に寄ってもいいね。

▶ might as well ～「～してもいいだろう」。〈drop in at ＋場所〉「～にふらりと立ち寄る」

3 (2) She **must have had** her hair cut. 彼女は髪をカットしてもらったにちがいない。

▶〈must have ＋過去分詞〉「～したにちがいない」。文型は SVOC。

4 (1) She **may have been** ill. 彼女は病気だったかもしれない。

▶「～だったかもしれない」を〈may[might] have ＋過去分詞〉で書き換える。

4 (2) You **can't** be careful **enough** when you drive a car. 運転するときは, 注意してもしすぎるということはない。

▶「いくら～してもしすぎるということはない」は can't[cannot] ～ enough で言い換え可能。

4 (3)　You **need not** have gone there.

そこへ行く必要はなかったのに。

▶〈need not have ＋過去分詞〉で「〜する必要はなかった」

DAY 11　形容詞 1

1 (1)　There I met **two tall young English** gentlemen.

私はそこで背の高い若いイギリス人の紳士2人に会った。

▶冠詞など →数量 →主観的評価 →大小 →形状 →新旧・老若 →色 →材料・所属の順。

1 (2)　**Those present** were moved to tears.

居合わせた人たちは涙を流した。

▶ present は「居合わせて，出席して」の意味では名詞の後ろにくる。

1 (3)　This park is **worth visiting** again.

この公園はもう一度訪れる価値がある。

▶ be worth 〜ing「〜する価値がある」

1 (4)　You spend **too much** money.

きみはお金を使いすぎる。

▶ money は数えられない名詞。

1 (5)　**Quite a few** people went to the festival.

かなりの人がその祭りに出かけた。

▶ quite a few, not a few「かなりの」

2 (1)　There is **something wrong** with my car.

車がどこかおかしい。

▶-thing を修飾する形容詞は後置する。

2 (2)　Half a loaf is better than none.

半分のパンでもないよりまし。〈ことわざ〉

▶ half は冠詞の前に出る。

2 (3)　Don't disturb the **sleeping** baby.

眠っている赤ちゃんを起こしてはいけません。

▶ asleep は名詞の前には使えない。be 動詞のあとに用いる。The baby is asleep. など。

2 (4)　I have **little** time for reading.

本を読む時間がほとんどない。

▶ time は不可算名詞なので little を用いる。

3 (1)　He did many **respectable** things for his country.

彼は国のために多くの立派なことをした。

▶ respectful「礼儀正しい」，respective「それぞれの」，respectable「立派な」

2 (2)　She is a **sensible** person.

彼女は分別のある人間だ。

▶ sensitive「敏感な」，sensible「分別のある」，impressive「印象的な」

2 (3)　It doesn't have a **literal** meaning.

それは文字通りの意味ではない。

▶ literal「文字通りの」，literate「読み書きができる」，literary「文学の」

DAY 12　形容詞 2

1 (1)　It was **surprising** that you came to see me.

あなたが会いに来てくれるなんて驚いた。

▶「私を驚かせる」と考え，能動を表す現在分詞 surprising を選ぶ。

1 (2) I thought of an **imaginary** animal in my head.　私は頭の中で架空の動物を考えた。

▶ imagine「想像する」, imaginative「想像力に富んだ」, imaginary「想像上の」, imaginable「想像できる」

1 (3) Our technology is **second to none**.　われわれの科学技術はだれにもひけをとらない。

▶ second to none「だれにもひけをとらない」

2 (1) It is very kind **of** you to buy me a ticket for the concert.　私にコンサートの券を買ってくれるとは、あなたはたいへん親切だ。

▶ 形容詞が人の性質・性格に言及するときには for ではなく of が使われる。

2 (2) I was **satisfied with** the results.　私はその結果に満足した。

▶ be satisfied with ～「～に満足する」

3 (1) He has **few** friends at school.　彼には学校ではほとんど友達がいない。

▶ friends という複数形につながるのは few のみ。③の lot は a lot / lots of ならよい。

3 (2) It is **convenient** for you to be able to go there right away.　そこへ簡単に行けるなんて便利だね。

▶ convenient は通常「人」を主語にとらない形容詞。ほかは全て「人」を主語にとる形容詞。

3 (3) His salary was too **low** to buy the latest car.　彼の給料は最新の車を買うにはあまりにも少なかった。

▶「(給料が) 安い [高い]」には low[high] を用いる。cheap[expensive] は「(品物が) 安い [高い]」。

3 (4) "How many people do you want to invite?" "**As many as possible**."　「どのくらいの人数を招待したいですか。」「できるだけたくさんです。」

▶ much は数えられないものに、many は数えられるものに用いる。

4 (1) I saw many kinds of **live** fish at the restaurant.　私はレストランで多くの種類の生きた魚を見た。

▶ live は「生きている」という意味で限定用法の形容詞。alive「生きて」は叙述用法でのみ用いる。

4 (2) He works very hard, so people around him say he is an **industrious** man.　彼は懸命に働くので、周囲の人は彼のことを勤勉な人だと言う。

▶ industrial「産業の」との区別に注意。

4 (3) This is the only **book available**.　これは入手できる唯一の本です。

▶ available「手に入る」は後ろから名詞を修飾する。

4 (4) I found this pearl to be an imitation. It is **valueless**.　この真珠は偽物だとわかった。それは価値がない。

▶ 偽物→価値がないと判断。invaluable「非常に価値のある」→ valueless「価値のない」にする。

DAY 13 　比較 1

1 (1) Most of them earn much **more than** before.　彼らの大半は以前よりもかなり稼ぎがよい。

▶ more than ～「～より多くの」

1 (2) **Nothing** is **so** precious as good health.　健康ほど大切なものはない。

▶ Nothing is so[as] A as B「B ほど A なものはない」

1 (3)　A shower uses **less** water than a bath.

風呂よりもシャワーの方が使う水の量が少ない。

　▶ 意味から考えて more ではなく less を入れる。

1 (4)　He is **the younger** of the two.

彼は 2 人のうちでは若い方だ。

　▶ 比較級でも the がつくことに注意。

1 (5)　He can speak German, **much more** English.

彼はドイツ語が話せる。ましてや英語はなおさらだ。

　▶ much more ～「～はなおさらだ」

1 (6)　This room is three times **as** large **as** mine.

この部屋は私の部屋の 3 倍もの広さだ。

　▶〈数字＋ times as ＋～＝ as …〉「…の〈数字〉倍～だ」

1 (7)　She **prefers** cats to dogs.

彼女はイヌよりもネコの方が好きだ。

　▶ prefer A to B 「B よりも A の方を好む」

1 (8)　I **would rather** go to the mountains than go to the sea.

海へ行くよりも山へ行きたい。

　▶ would rather ～ than … 「…するよりも～したい」

1 (9)　He is **senior to** me **by** five years.

彼はぼくより 5 つ年上だ。

　▶ senior to ～「～より年上」。「差」の意味を表すときは by を用いる。

2 (1)　Tom is taller than any other **boy** in his class.

トムはこのクラスのどの男子よりも背が高い。

　▶ any other の後ろは単数名詞。

2 (2)　The population of Yokohama is larger than **that of Nagoya**.

横浜の人口は名古屋の人口よりも多い。

　▶同じもので比較する。The population ＝ that

2 (3)　The lake is **deepest** around here.

この湖はこのあたりが最も深い。

　▶同一の人・物の性質、状態を比較するときは最上級でも the をつけない。

3 (1)　No **other** mountain in the world is higher than Mt. Everest.

世界のほかのどの山もエベレスト山より高くない。

　▶最上級の文は No other ～て書き換えができる。

3 (2)　My sister is three years **junior** to me.

私の妹は私より 3 歳年下だ。

　▶空所の後ろに to があることから、「年下の」を表す junior を使うことがわかる。

3 (3)　I have **no more** than 1,000 yen in my wallet.

私は財布に 1000 円しか持ち合わせていない。

　▶ only ～＝ no more than ～「～しか」

DAY 14　比較 2

1 (1)　He is the **last** man to use such words.

彼はそんな言葉は使わない。

　▶ the last man to ～「最も～しそうにない人」

1 (2) He knows **better than** to do such a thing.

彼はそんなことをするほどばかじゃない。

▶ know better than to ～「～するほどばかではない」

1 (3) The cost of living is **much** higher than it was three years ago.

生活費は3年前よりぐんと高くなっている。

▶ much は比較級の強調。

1 (4) I had **no sooner** gone home than I called him.

私は帰宅するとすぐに彼に電話をした。

▶ no sooner ～ than ... 「～するとすぐに…」

1 (5) This temple is the **second oldest** temple in our city.

この寺は私たちの町で2番目に古い寺だ。

▶〈序数詞＋最上級〉で「～番目に…」となる。

2 (1) **The** more he drank, **The more** songs he sang merrily.

彼は酔えば酔うほどそれだけたくさんの歌を陽気に歌った。

▶〈the ＋比較級～，the ＋比較級…〉「～すればするほど，ますます…」

2 (2) This bridge is twice **the length** of that one.

この橋はあの橋の2倍の長さだ。

▶〈twice the ＋名詞＋ of ～〉でも倍数表現が可能。

2 (3) Time is more precious **than anything** else.

時間よりも大切なものはない。

▶〈A is ＋比較級＋ than anything else〉「A ほど…なものはない」で言い換える。

3 (1) He is **not so much** a scholar **as** a writer.

彼は学者というより作家だ。

▶ not so much A as B 「A というより B」

3 (2) I **have never seen as** good a player **as** he.

私は彼ほどよい選手を見たことがない。

▶〈現在完了の否定＋ as ＋形容詞＋冠詞～ as〉の形で最上級を表す。

3 (3) Lake Biwa is **larger than any other** lake in Japan.

琵琶湖は日本で最大の湖だ。

▶〈比較級＋ than any other ～〉の形で最上級を表す。

4 (1) I have **many more** books than he has.

私は彼よりもはるかに多くの本を持っている。

▶ much は〈more ＋不可算名詞〉を強調する。books は可算名詞なので many に直す。

4 (2) She is **by far** the most intelligent in our class.

彼女は私たちのクラスの中でずば抜けて賢い。

▶ by far を最上級の前におくと「ずば抜けて」と最上級を強調することができる。

DAY 15　不定詞 1

1 (1) I've got a lot of things **to do** this weekend.

この週末はすることがたくさんある。

▶不定詞の形容詞用法。

1 (2) Public opinion compelled **him to resign**.

世論におされて彼は辞職しなくてはならなくなった。

▶ compel A to ～「A〈人〉に無理やり～させる」

1 (3) The baggage is **too** heavy **for** Tom **to** carry.

その荷物は重すぎてトムには運べない。

▶ too ～ to ... 「あまりに～なので…できない」。動作主は for ～ で表す。

1 (4) **To hear** him speak French, you would take him for a Frenchman.

彼がフランス語を話すのを聞けば, 彼をフランス人だと思うだろう。

▶「仮定」を表す副詞用法。

1 (5) You **have only to** do your best.

きみは最善を尽くしさえすればよい。

▶ have only to ～ 「～しさえすればよい」

2 (1) I'm very glad **to see** you.

あなたに会えてとてもうれしい。

▶「原因・理由」を表す副詞用法。

2 (2) Don't make me **say** the same thing more than twice.

同じことを 2 回以上言わせないでください。

▶ 使役動詞の用法〈make[have, let] ＋目的語＋原形不定詞〉

2 (3) You **are to blame** for that matter.

その件についてはきみが悪い。

▶ be to blame 「～に責任がある, ～が悪い」

2 (4) He hurried back home, **only to find** that his mother had died two hours earlier.

彼は急いで家に帰ったが, 母親は 2 時間前に死んでいた。

▶ only to ～ 「結局は～, ただ～する結果となって」。結果を表す不定詞。

2 (5) We had no choice **but to accept** the sad result.

私たちは悲しい結果を受け入れるしかなかった。

▶ have no choice but to ～ 「～するしかない」

2 (6) I advised her **not to marry** in a hurry.

私は彼女に早まって結婚しないように忠告した。

▶ advise A not to ～ 「A（人）に～しないように忠告する」

2 (7) It was careless **of you to leave** your bag in the train.

列車にカバンを忘れるなんて不注意だよ。

▶ 不定詞の意味上の主語は, 前の形容詞が人の性質を表す場合 of ～を用いる。

2 (8) I was made **to wait** for over an hour.

私は 1 時間以上待たされた。

▶ 使役の make は受け身になると to 不定詞を伴う。

DAY 16　不定詞 2

1 (1) Please remember **to send** this letter.

この手紙を出すのを忘れないでね。

▶ remember to ～ 「～することを忘れないようにする」

1 (2) I **used to** play tennis when I was young.

私は若いときよくテニスをしたものだ。

▶ used to ～ 「以前はよく～したものだ」

1 (3) **Try to** behave better.

もっとお行儀よくするように努めてください。

▶ try to ～ 「～しようと努力する」

1 (4) I **regret to** say I can't come. 残念ながら行けません。

▶ regret to ～「残念ながら～する」

2 (1) His doctor advised him **to give up smoking**. 彼の医者は彼に禁煙するように助言した。

▶ advise A to ～「A に～するように助言する」

2 (2) What **caused** her to change her mind? 何が彼女の考えを変えたのですか。

▶ cause A to ～「A に～させる」

2 (3) He didn't have **enough** knowledge of English to read and understand the Bible. 彼には聖書を読んで理解するのに十分な英語の知識がなかった。

▶ enough +... （名詞）＋ to 不定詞「～するのに十分な… （名詞）」

2 (4) I really love to cook. **Let** me make dinner tonight. 私は料理するのが本当に好きです。今晩夕飯を私に作らせてください。

▶ let A ～「A に～させる〈放任・許可〉」

3 (1) The old man used to **get** up early in the morning. その老人はかつて朝に早起きしていた。

▶ used to ～「以前は～したものだ、だったものだ」

3 (2) When we asked our English teacher for his advice, he told us what kind of dictionaries **to use** to improve our reading ability. 私たちが英語の先生に助言を求めると, 彼は読解力を高めるためにはどんな種類の辞書を用いるべきか教えてくれた。

▶ 〈疑問詞＋ to 不定詞〉

3 (3) He never fails to **keep** his promises. 彼は必ず約束を守る。

▶ never fail to ～「必ず～する」

DAY 17 動名詞 1

1 (1) I cannot avoid **saying** that. それを言わざるを得なかった。

▶ cannot[can't] avoid ～ing「～せざるを得ない」

1 (2) He boasts of **never having failed** in the entrance examinations. 彼は入学試験に落ちたことがないと自慢している。

▶ 前置詞の目的語は動名詞になる。

1 (3) I don't feel **like going** out for dinner this evening. 今夜は外食したくない。

▶ feel like ～ing「～したい気がする」

1 (4) I don't like **being treated** like a little child. 小さな子どものような扱いはされたくない。

▶ 動名詞の受け身形。

1 (5) I'm looking forward **to seeing** you again. またお目にかかれるのを楽しみにしています。

▶ look forward to ～ing「～することを楽しみにする」

1 (6) When we were at the beach last summer, we went **swimming** every day.

去年の夏, ビーチにいたとき, 私たちは毎日泳ぎに行った。

▶ go ～ing「～しに行く」

1 (7) He objected to **being spoken** to by strangers.

彼は知らない人に話しかけられることを嫌がった。

▶ object to ～ing「～することに反対する, ～することを嫌がる」

1 (8) I regret **not having studied** English hard in my school days.

学生時代に英語を一生懸命勉強しなかったことを後悔している。

▶ 動名詞の否定形は否定語を前におく。

1 (9) This sweater is **of my own knitting**.

このセーターは自分で編んだものです。

▶ of one's own ～ing「自分で～した」

1 (10) It is no use **crying** over spilt milk.

こぼれたミルクのことで泣いてもむだである〔覆水盆に返らず〕。

▶ It is no use ～ing「～してもむだである」

1 (11) There is **no telling** who sent me this pretty doll.

このかわいい人形を私に送ってくれたのがだれなのかわからない。

▶ There is no ～ing「～することは不可能だ」

1 (12) She insisted **on my staying** longer.

彼女は私にもっと滞在してくれと言ってきかなかった。

▶ insist on A('s) ～ing「A が～するよう強く要求する」

DAY 18　動名詞 2

1 (1) She denies **having been robbed of** her jewels during her stay in Paris.

彼女はパリ滞在中に宝石が盗まれたことを否定している。

▶ deny ～ing「～することを否定する」。rob ～ of …「～から…を奪う」の受け身。

1 (2) Would you mind **picking** me up at my home?

私の家まで迎えに来ていただけませんか。

▶ Would you mind ～ing?「～していただけませんか」

1 (3) **On the professor's saying so**, the whole class burst into laughter.

教授がそう言うと, クラス全員が急に笑い出した。

▶ on ～ing「～するとすぐ」の動名詞に意味上の主語がついた形。

1 (4) As they say, **there is no accounting for tastes**.

よく言われるように, 人の趣味は説明できない。

▶ there is no ～ing「～することはできない」

2 (1) I remember **seeing** her before.

以前彼女に会ったことを覚えている。

▶ remember ～ing「～したことを覚えている」

2 (2) She was not used to **being smiled** at like that.

彼女はそんなふうにほほえまれることに慣れていなかった。

▶ be used to ～ing「～することに慣れている」

2 (3) I tried **writing** with my left hand.　　　　私は試しに左手で書いてみた。

▶ try 〜ing「試しに〜してみる」

2 (4) I was in the **habit** of **exercising** before breakfast.　　私は朝食前に運動する習慣があった。

▶ be in the habit of 〜ing「〜する習慣がある」

3 (1) Do you remember **meeting** her last year?　　去年彼女に会ったことを覚えていますか。

▶ remember 〜ing「〜したことを覚えている」

3 (2) I prefer reading books **to watching** television.　　私はテレビを見るより本を読む方が好きだ。

▶ prefer A(〜ing) to B(〜ing)「B するよりも A する方が好きだ」

3 (3) Could you please stop **making** so much noise?　　あまり騒ぐのをやめてもらえませんか。

▶ stop 〜ing「〜するのをやめる」

DAY 19　受動態 1

1 (1) He **is laughed at** by everybody.　　彼はみんなに笑われている。

▶群動詞の受動態。laugh at 〜「〜をあざ笑う」

1 (2) The sick child **was taken good care of** by Susan.　　その病気の子どもはスーザンがよく面倒をみた。

▶群動詞の受動態。take (good) care of 〜「(よく) 〜の面倒をみる」

1 (3) She is a person who can't **be put up with**.　　彼女はやりきれない女だ。

▶ can't be put up with「我慢されることができない→やりきれない」

1 (4) Yesterday, I **was spoken to** by a foreigner in Shinjuku.　　昨日, 新宿で外国人に話しかけられた。

▶群動詞の受動態。speak to 〜「〜に話しかける」

1 (5) My sister **had her hat blown off** by the strong wind.　　妹は強風で帽子を吹き飛ばされた。

▶〈使役動詞 had ＋目的語＋過去分詞〉

1 (6) When did you last **have your hair cut**?　　最近, 髪を切ったのはいつですか。

▶〈使役動詞 have ＋目的語＋過去分詞〉

2 (1) I am **astonished at** your behavior.　　きみのふるまいに驚いている。

▶ be astonished at 〜「〜に驚く」

2 (2) He was **satisfied with** the result.　　彼はその結果に満足した。

▶ be satisfied with 〜「〜に満足する」

2 (3) He was **absorbed in** the book.　　彼は本に没頭していた。

▶ be absorbed in 〜「〜に没頭している」

2 (4) The children were **amused with** the tricks.　　子どもたちはその手品をおもしろがった。

▶ be amused with 〜「〜をおもしろがる」

2 (5) He was **embarrassed at** such a request.

そのような要求に彼は困惑した。

▶ be embarrassed at 〜 「〜に困惑する」

DAY 20 受動態 2

1 (1) This dictionary **sells well**.

この辞書はよく売れる。

▶ sell well 「よく売れる」

1 (2) She loved Tom, but she **was forced to** marry his brother.

彼女はトムを愛していたが, トムの兄さんと結婚させられた。

▶ be forced to 〜 「無理やり〜させられる」

1 (3) We **were obliged to** obey his order.

私たちは彼の命令に従わざるをえなかった。

▶ be obliged to 〜 「〜せざるをえない」

2 (1) The boy seems to be **bored** with the game.

少年はその試合に退屈しているようだ。

▶ be bored with 〜 「〜に退屈する」

2 (2) Japan is **hit** by at least one or two typhoons every summer.

日本は毎年夏に少なくとも1つまたは2つの台風に襲われる。

▶ be hit 「見まわれる, 襲われる」

3 (1) I was **disappointed with** the movie.

その映画にはがっかりした。

▶ be disappointed with 〜 「〜にがっかりする」

3 (2) Her name is well **known to** everyone.

彼女の名前はみんなによく知られている。

▶ be known to 〜 「〜に知られている」

3 (3) A man is **known by** the company he keeps.

その人の人柄はつき合っている友人を見ればわかる。

▶ be known by 〜 「〜でわかる」

4 (1) You **are allowed to** use your smartphone in this area.

このエリアではスマートフォンの使用が許可されている。

▶ be allowed to 〜 「〜することが許される」

4 (2) He **is compared** with his older brother by people around him.

彼は周りの人に兄と比べられる。

▶ A is compared with B 「A が B と比較される」

DAY 21 文 型 1

1 (1) Let's go home, **shall we**?

家に帰ろうよ。

▶ Let's 〜の付加疑問は shall we?。

1 (2) Bring me a cup of coffee, **will you**?

コーヒーを1杯持って来てくれませんかね。

▶命令文の付加疑問は will you?。

1 (3) I don't want to **discuss** politics with you.

きみと政治について話したくない。

▶ discuss「～について話し合う」という意味の他動詞。

1 (4) I felt someone **touching** my back from behind.

だれかが後ろから背中を触っているのを感じた。

▶ 〈知覚動詞 feel ＋目的語＋原形不定詞または～ing〉

1 (5) I heard my name **called** by a voice I did not recognize.

だれの声かわからなかったが私の名前を呼ぶ声がした。

▶ 〈知覚動詞 hear ＋目的語＋過去分詞〉

1 (6) I was furious and **told them to get** out of my house.

ぼくはカンカンになって彼らに家から出ていけと言ってやった。

▶ 〈tell ＋目的語＋ to 不定詞〉

1 (7) He managed to make himself **understood**.

彼はなんとか自分の考えを人にわからせることができた。

▶ make oneself understood「自分の考え・言葉を人にわからせる」

2 (1) The lawyer **proved his innocence**.

その弁護士は彼の無実を証明してくれた。

▶ 第 3 文型 SVO。prove「～を証明する」という意味の他動詞。

2 (2) I **bought her a ticket**.

ぼくは彼女に切符を買ってやった。

▶ 第 4 文型 SVOO。buy A B「A に B を買う」

2 (3) The story **saddened me**.

その話を聞いて悲しくなった。

▶ 第 3 文型 SVO。sadden「～を悲しませる」という意味の他動詞。

2 (4) **What** a nice boy **you are!**

きみはなんていい子なんだろう！

▶ 感嘆文〈What ＋名詞＋主語＋動詞！〉

DAY 22　文型 2

1 (1) We **went on a two-month tour** of Europe and Asia.

私たちはヨーロッパとアジアへの2カ月の旅をした。

▶ 第 2 文型 SV。go on a tour「旅に出る」

1 (2) The cold was **making Sara irritable**.

サラは寒さでイライラしていた。

▶ 第 5 文型 SVOC。make A B「A を B の状態にする」

1 (3) They **made him captain** of the team.

彼らは彼をチームのキャプテンにした。

▶ 第 5 文型 SVOC。make A B「A を B にする」

1 (4) You can't **support** a family on that salary.

その給料では家族を養えない。

▶ 第 3 文型 SVO。support「～を養う」

1 (5) He had **kept us a table** at the restaurant.

彼は私たちにそのレストランの席をとっておいてくれた。

▶ 第 4 文型 SVOO。keep A B「A に B をとっておく」

2 (1) He **entered** the room without saying anything.

彼は何も言わずに部屋に入った。

▶第 3 文型 SVO。enter「（場所に）入る」という意味の他動詞。

2 (2) Let's have this car **fixed** at the gas station.

この車をガソリンスタンドで修理してもらいましょう。

▶〈使役動詞 have ＋目的語＋過去分詞〉

2 (3) They kept a fire **burning** all night to protect themselves from the cold.

彼らは寒さから身を守るために一晩中火を燃やし続けた。

▶第 5 文型 SVOC。keep A ～ing「A をずっと～にしておく」

DAY 23 仮定法 1

1 (1) If I **had** time, I **would go** to see the movie.

時間があれば、その映画を見に行くのだが。

▶仮定法過去〈If ＋ S' ＋動詞の過去形～，S ＋ would ＋動詞の原形…〉

1 (2) If I **had been** there, I **could have seen** the scene.

そのときそこにいたら、その場面を見ることができたのだが。

▶仮定法過去完了〈If ＋ S' ＋過去完了～，S ＋ could have ＋過去分詞…〉

1 (3) If I **had studied** harder, I **would be** a student of A University now.

もっと勉強していたら、今頃A大学の学生なのだが。

▶ if 節の中が仮定法過去完了，主文は仮定法過去〈If ＋ S' ＋過去完了～，S ＋ would …〉

1 (4) She always wishes she **were** a boy.

彼女はいつも男の子だったらよかったのにと思っている。

▶仮定法過去〈S wish ＋動詞の過去形～〉

1 (5) He looked as if he **had seen** a ghost.

彼は幽霊でも見たかのような顔をしていた。

▶〈as if ＋過去完了…〉「まるで～したかのように」

1 (6) If it **were** not for water, no living things could survive.

水がなければ生物は生きられない。

▶ If it were not for ～「～がなければ」

1 (7) He suggested to the foreigner that he **take** the subway.

地下鉄に乗ったらどうかと彼はその外国人に提案した。

▶〈suggest that ＋ S ＋ (should) 動詞の原形～〉「S が～することを提案する」

1 (8) If I **should die**, what will become of my wife and children?

もし私が死んだら、妻と子どもはどうなるだろう。

▶〈If ＋ S' ＋ should ～，主文〉「万一～だったら」

1 (9) A wise man **would not do** such a thing.

賢い人ならそんなことはしないだろう。

▶ A wise man「賢い人なら」が if 節の代わりになって条件を表している。

1 (10) I feel as if I **were daydreaming**.

私は白昼夢を見ているようだ。

▶〈as if ＋動詞の過去形〉「まるで～のように」

2 (1) If I **had** enough money, I **could** buy the car.

もし十分なお金があれば, その車を買うことができるのだが。

▶ 仮定法過去〈If + S' + 動詞の過去形, S + could 〜〉

2 (2) **Had** it not **been** for his assistance, she would **have failed** in the job.

彼の助けがなかったら, 彼女はその仕事に失敗していただろう。

▶ Had it not been for 〜「〜がなかったなら」

2 (3) It is time you **went** to bed.

もう寝る時間だ。

▶〈It is time + 仮定法過去 〜〉「もう〜する時間だ」

2 (4) I wish I **had arrived** in time.

時間内に到着していればなあ。

▶〈I wish + 仮定法過去完了 〜〉「(あのとき) 〜だったらなあ」

DAY 24 仮定法 2

1 (1) But for the fog, we **could have reached** our destination a week ago.

霧がなければ, 私たちは1週間前に目的地に着いていたかもしれない。

▶ But for 〜「〜がなければ」で仮定法の条件を表す。

1 (2) If only you **had told** me the whole story at that time.

あのとき, あなたが私にすべての話をしてくれていれば。

▶ If only + 仮定法= I wish + 仮定法

1 (3) **With** a little more patience, Alice would have succeeded.

もう少し辛抱すれば, アリスは成功したでしょう。

▶ With 〜「〜かあれば」

1 (4) He did his best, **otherwise he would have failed**.

彼は最善を尽くした, さもなければ失敗していただろう。

▶ otherwise「もしそうでなければ」

2 (1) If the driver had been more careful, the accident **would not have happened**.

もし運転手がもっと注意していれば, 事故は起こらなかっただろう。

▶ 仮定法過去完了〈If + S' + 過去完了 〜, S + would have + 過去分詞…〉

2 (2) If the electron microscope had been invented a bit earlier, medical science **would have** advanced even more rapidly.

電子顕微鏡がもう少し早く発明されていたら, 医学はさらに急速に進歩していただろう。

▶ 仮定法過去完了〈If + S' + 過去完了 〜, S + would have + 過去分詞…〉

3 (1) If I **were** older, I **could** understand your experience.

もし私がもっと年上だったら, あなたの経験を理解できるだろう。

▶ 仮定法過去〈If + S' + were 〜, S + could + 動詞の原形…〉

3 (2) He would have come, **had he** known.

もし知っていたら, 彼は来ただろう。

▶ 仮定法過去完了の倒置。

3 (3) If I **had not been** so busy at that time, I could have gone there.

もしそのときそれほど忙しくなかったら, あそこに行くことができたのだが。

▶ 仮定法過去完了〈If + S' + 過去完了 〜, S + could have + 過去分詞…〉

DAY 25　分詞 1

1 (1) He is busy **preparing** for the coming entrance examination.

彼は近づいてくる入学試験の準備に忙しい。

▶ be busy 〜ing「〜するのに忙しい」

1 (2) I couldn't make myself **understood** in English.

私の英語は通じなかった。

▶〈make + oneself + 過去分詞〉「自分を〜された状態にする」

1 (3) I saw a tall tree **blown** down in the storm.

私は高い木が嵐で倒れるのを見た。

▶〈知覚動詞 see + 目的語 + 過去分詞〉「…が〜されるのを見る」

1 (4) There was little water **left** in the bottle.

びんの中には水がほとんど残っていなかった。

▶〈There is + 名詞 + 過去分詞〉

1 (5) Now I can go to bed with all the dishes **washed**.

もう皿洗いは全部終わったから寝られる。

▶「皿ー洗われた」という受け身の関係なので過去分詞。

1 (6) The children sat **drawing** pictures on the ground.

子どもたちは座って地面に絵を描いていた。

▶ sit 〜ing「座って〜する」

1 (7) **Seeing** a police officer, the burglar ran away.

警官を見て強盗は逃げ出した。

▶分詞構文〈現在分詞〜, + 主文〉

1 (8) **Born** and **brought** up in Spain, she speaks fluent Spanish.

スペインで生まれ育ったので, 彼女は流暢なスペイン語を話す。

▶「生まれる―産んでもらう」も「育つ―育ててもらう」も過去分詞で表す。分詞構文の Being は省略されている。

1 (9) Not **knowing** what to say, I remained silent.

何を言っていいのかわからなかったので, 私は黙っていた。

▶分詞構文の否定形は, not を分詞の前におく。

1 (10) **Having seen** her before, I recognized her at once.

前に会ったことがあるので, すぐに彼女だとわかった。

▶完了形の分詞構文〈Having + 過去分詞〉

1 (11) My grandfather seemed to be satisfied, **surrounded** by his grandchildren.

祖父は孫たちに囲まれて満足そうだった。

▶分詞構文の後置形。

2 (1) He walked along **with** a dog **following**.

彼が歩いて行くと犬がついて行った。

▶「犬ーついてくる」という能動態の関係なので現在分詞。

2 (2) I will **have** my computer **repaired**.

ぼくのコンピュータを修理してもらおう。

▶〈have + A + 過去分詞〉「A を〜してもらう（よいこと）」

2 (3) **Having nothing** to do, I went to the tennis club.

何もすることがなかったので, テニスクラブへ行った。

▶分詞構文〈現在分詞〜, + 主文〉

2 (4) Night **coming** on, we went back home.

日が暮れてきたので家に帰った。

▶独立分詞構文では分詞の前に主語をおく。

2 (5) **Generally speaking**, Japanese is a difficult language.

一般的に言って, 日本語はむずかしい言語である。

▶ generally speaking「一般的に言って」

DAY 26　分詞 2

1 (1) **Talking of** soccer, which player do you like?

サッカーと言えば, あなたはどの選手が好きですか。

▶ talking of 〜「〜と言えば」

1 (2) **Judging from** the look of the sky, it will rain soon.

空模様から判断すると, もうすぐ雨が降るだろう。

▶ judging from 〜「〜から判断すると」

1 (3) **Frankly speaking**, I don't think the project will be successful.

率直に言って, そのプロジェクトは成功しないと思う。

▶ frankly speaking「率直に言って」

1 (4) **Taking** all things **into** consideration, she ought to be given another chance.

すべてを考慮に入れると, 彼女にはもう1度チャンスが与えられるべきだ。

▶ taking all things into consideration「すべてを考慮に入れると」

1 (5) **According to** the map, the shop is next to the hospital.

地図によれば, その店は病院の隣にある。

▶ according to 〜「〜によれば」

1 (6) **Owing to** the typhoon, the event was postponed.

台風のためにそのイベントは延期になった。

▶ owing to 〜「〜のために」

1 (7) **Weather permitting**, we're going to go on a picnic tomorrow.

天気がよければ, 私たちは明日ピクニックに行くつもりだ。

▶ weather permitting「天気がよければ」

2 (1) Other things **being** equal, I want to buy this stove.

他の条件が同じであれば, 私はこのストーブを購入したいと思う。

▶独立分詞構文では分詞の前に主語をおく。

2 (2) **Defeated** at the Battle of Waterloo, Napoleon fled to the island of Elba.

ワーテルローの戦いに敗れたナポレオンはエルバ島に逃亡した。

▶分詞構文〈過去分詞〜, +主文〉

2 (3) **Not knowing** what to do, he was quite at a loss.

何をすればいいのか分からず, 彼はかなり途方に暮れていた。

▶ be at a loss「途方に暮れる」

2 (4) The road remained **closed** for more than a week.

道路は1週間以上閉鎖されたままだった。

▶受け身の関係＝過去分詞。

DAY 27 関係詞 1

1 (1) Any child **who** wants to swim can learn.

泳げるようになりたいと思う子どもならだれでも,泳げるようになる。

▶主格の who。

1 (2) He didn't like to speak ill of someone **whom** she was close to.

彼は彼女に近い人の悪口を言いたくなかった。

▶目的格の whom。

1 (3) Chopin, **whose** music I like best, is one of the greatest composers.

ぼくがその音楽を一番好きなショパンは,偉大な作曲家の1人である。

▶所有格の whose。

1 (4) He gave me the name of the hotel **where** he was staying.

彼は自分の泊まっているホテルの名前を教えてくれた。

▶関係副詞の where。

1 (5) Most of **those who** left England headed for the United States.

イギリスを去った人たちの大半は, アメリカ合衆国を目指した。

▶ those who ～ 「～する人たち」

1 (6) The mountain, the top **of which** you can see over there, is Mt. Asama.

向こうに頂上の見える山が浅間山です。

▶ The mountain is Mt. Asama. と You can see the top of the mountain over there. の2つに分けられる。

2 (1) The dictionary **which** I bought yesterday is very useful.

私が昨日買った辞書はとても便利だ。

▶目的格の which。

2 (2) He helped the old man, **who** thanked him for it.

彼は老人を助けた, そしてその老人は彼に感謝した。

▶非制限用法の who。

2 (3) I have a friend **whose** name is George.

私にはジョージという名前の友達がいる。

▶所有格の whose。

2 (4) There is someone at the door **who** wants to see you.

あなたに会いたがっている人がドアのところにいます。

▶主格の who。

DAY 28 関係詞 2

1 (1) Hawaii is the place **which** I want to visit in the future.

ハワイは将来行ってみたいところだ。

▶目的格の which[that]。

1 (2) She won't believe **what** I tell her.

彼女は私の言うことを信じないだろう。

▶関係代名詞 what。

1 (3) **No matter how** busy he is, he makes it a rule to stay home on weekends.

どんなに忙しくても, 彼は週末は家で過ごすことにしている。

▶ No matter how ～ 「どんなに～でも」

1 (4) We will welcome **whoever** wants to come.　来たい人はだれでも歓迎する。

▶ whoever ～「～はだれでも」

1 (5) Who **that** knows him will believe it?　彼を知っているだれがそれを信じるだろうか。

▶先行詞が疑問詞の場合，that を用いる。

1 (6) Reading is to the mind **what** food is to the body.　読書と精神の関係は食べ物と身体の関係と同じである。

▶ A is to B what C is to D「A と B の関係は C と D の関係と同じである」

1 (7) This is the place **which** they found.　ここが彼らが見つけた場所だ。

▶目的格の which[that]。

2 (1) I will tell you **what** happened yesterday.　昨日何が起こったか話します。

▶関係代名詞 what。

2 (2) I met the girl **that** you were talking about the other day.　私は先日, あなたが話していた女の子に会った。

▶目的格の that。

3 (1) Please feel free to come back **whenever** you like.　またお好きなときにお気軽にお越しください。

▶ whenever SV「S が V（～する）ときはいつでも」

3 (2) Warn **whoever** takes this route about the deep snow.　この道を通る人に深い雪について警告してください。

▶ whoever ～「～はだれでも」

DAY 29　注意を要する構文 1

1 (1) Young **as he was**, he was an able man.　年こそ若かったが, 彼は有能だった。

▶ Young as he was = Though he was young と書き換えることができる。

1 (2) I cannot go, **nor do I** want to.　ぼくは行けないし, 行きたいとも思わない。

▶否定の倒置 nor do I。

1 (3) What **on earth** is the matter?　いったいどうしたのか。

▶強調の on earth「いったい, いったいぜんたい」

1 (4) The scholarship **enabled him to** go to college.　彼は奨学金で大学に行くことができた。

▶ enable one to do「人が～することを可能にする」

1 (5) Tom can speak German, and **so can his brother**.　トムはドイツ語が話せるが, 弟も話せる。

▶ so という副詞が前に出る倒置。

2 (1) Please correct the errors, **if any**.　誤りがあれば正しなさい。

▶ if (there is) any (error) の（　　）の部分が省略された形。

2 (2) What **has brought** you here?

何の用でここに来ましたか。

▶ 無生物主語の文。

2 (3) The actor hid the fact **that** she was married.

その俳優は結婚しているという事実を隠していた。

▶ 同格の名詞節を導く that。

2 (4) I'll go, **if necessary**.

必要なら行こう。

▶ If (it is) necessary[needed] の (　) の部分が省略された形。

2 (5) "You cannot become a member of this golf club."
"**Why not?**"

「きみはこのゴルフクラブのメンバーになれない。」
「なぜですか。」

▶ Why (can I) not (become a member of this golf club)? の (　) の部分が省略された形。

2 (6) This is the **very** thing for you.

これこそきみにもってこいの品だ。

▶ 強調の very。very thing[person] 「まさにそのもの [人]」

DAY 30　注意を要する構文 2

1 (1) Not only English but also French **is spoken** in that area.

その地域では英語だけでなくフランス語も話されている。

▶ Not only A but also B では B の方に動詞の人称・数を一致させる。

1 (2) Since you are in my neighborhood, **why don't** you drop in at my house?

ご近所なので、私の家に寄ってみませんか。

▶ Why don't you ~ ? 「~しませんか」

1 (3) Cancer can be cured if **discovered** in time.

がんは発見が遅れなければ治る。

▶ 時・条件・譲歩などの接続詞のあとで、主文と共通の主語と be 動詞が省略されることがある。

1 (4) He seldom, **if ever**, goes to church.

彼は教会に行くとしてもまずめったに行かない。

▶ if ever ~ 「~するとしても」

1 (5) It was not **on purpose but by** accident that I broke your personal computer.

私があなたのパソコンを壊したのは故意ではなく偶然だった。

▶ on purpose 「わざと」、by accident 「偶然」。not A but B 「A でなく B」。It is ~ that ...の強調構文。

2 (1) **It is** Jack **that** I want to see.

私が会いたいのはジャックです。

▶ It is ~ that ...の強調構文。

2 (2) The rain **prevented** us **from going** on a hike.

私たちは雨でハイキングに行けなかった。

▶ prevent ... from ~ ing 「...が~するのを妨げる」

2 (3) **What** makes you think so?

なぜそう考えるのですか。

▶ 無生物主語の文。

2 (4) **What** do you think **has happened**?

何が起こったと思いますか。

▶ do you think の挿入句は構文には無関係。What (do you think) has happened? と捉える。